JN075103

こんなときどうする？

生徒指導

不登校・中退・
引きこもり

編集代表 **梅澤秀監**

編著 **木内隆生**

学事出版

編著者代表のことば

　生徒指導をめぐる最近10年間の状況は、例えば2013（平成25）年に「いじめ防止対策推進法」が制定され、学習指導要領は2017（平成29）年に小・中学校、2018（平成30）年に高等学校が改訂されました。2021（令和3）年には中央教育審議会の「『令和の日本型教育』の構築を目指して（答申）」が出されました。2022（令和4）年4月に「改正少年法」が、6月に「こども基本法」「こども家庭庁設置法」が成立しました。12月に改訂版『生徒指導提要』が公表され、生徒「支援」という立場が明確になりました。このように、生徒指導に関わる制度や法律が大きく変更された、激動の10年でした。

　学校を取り巻く環境ではGIGAスクール構想に伴い、児童生徒一人ひとりが端末を所有するようになりました。このことは、コロナ禍の影響を受けて推進が進み、ICT教育の必要性が益々高まりました。また、チャットGPTの出現は、教育の世界にも大きな影響を与えました。

　こうした状況の中で、学校現場で日々生徒指導に取り組み、苦労されている先生方に、最新の情報や考えるヒントをお伝えして、生徒指導に役立てていただきたいと思い【事例】【指導の振り返り】【課題解決に導く基礎知識】という構成からなる、5分冊の書籍を制作しました。

　本書で紹介した事例は、各学校で起こる可能性のあるものを選び、その指導過程にスポットを当てて、詳しい解説を付けました。成功事例だけでなく、指導課題が残る事例もありますが、解説を読んで参考にしていただければ幸いです。なお、各巻は各編著者の責任で編まれたため、構成が各巻ごとに若干異なりますことをご了承ください。

　本書の刊行にあたり、事例を提供してくださった先生方、各巻の編著者の先生方、編集・校正を担当してくださった皆様に改めてお礼申し上げます。ありがとうございました。

編著者代表　梅澤秀監

はじめに

　本シリーズは学校現場で生起する様々な生徒指導上の諸問題について、小中高及び特別支援学校の先生方から寄せられた実践事例を、最新法規や文部科学省資料、最新研究知見等を参考に考察することで再度、学校現場の先生方のこれまでの教育活動を振り返っていただくとともに、児童生徒のいっそうの健全な発達・成長を促進する教師側の手立てや方策等を提供するために刊行されたものです。

　第3分冊では令和期に入り急増している長期欠席や不登校から、様々な事情による転校・転学などの進路変更、さらに中途退学やひきこもりまでの事例を検討の対象としました。児童生徒が学校に適応できなくなる事態がどのようなきっかけで勃発し進行していくのか、また学級担任やホームルーム担任など学校側がどのように対応し支援していったのか、さらにどのように終結してどのような結果に至ったのかを丁寧に記述・評価することで、教師や学校側の指導や支援の改善点そして今後の対応方法等を明確化していくこととします。

　第3分冊は4つの章で構成されています。1〜3章では小・中・高（高等部）の順番で不登校・中退・ひきこもりの事例を紹介・解説しました。4章の前半部分で文部科学省調査に基づいて近年の不登校・中途退学等の状況を概観し、後半部分では小・中・高を通して俯瞰した総合的考察を行いました。その他詳細は目次をご覧ください。

　各章の事例は提供者の実際の経験に基づいて執筆されています。ただし登場する児童生徒たちが特定されないように配慮して修正が加えられています。頁数の関係で小学校高学年から高校3年生までを検討の対象としました。掲載した9事例で不登校問題の全てを網羅できるものではありませんが、学校現場の先生方の教育実践に必ず役立つものと信じています。

編著者　木内隆生

こんなときどうする？生徒指導
不登校・中退・引きこもり

目 次

Chapter 4
データで見る小・中・高校生の 不登校と事例の総合的考察　107

Chapter 1

不登校
（小学生）

家庭問題から起こった不登校

• • • • • • • • • • • • • • • • • • •

〈事例〉

1　1～2学期の様子

　小学5年生のA子は、4月当初は「学校が楽しい」「特に体育が楽しい」と学習や学校生活に対してたいへん意欲的に取り組んでいました。4年生までは、登校しぶりもあって半分ほどの登校であったと聞いていたため、学級担任はA子と積極的にコミュニケーションをとったり、学習・生活面での様子を観察したりしていました。1学期は休み時間に絵を描いたり、友達と外で遊んだりして楽しく過ごしていました。2学期の運動会などの学校行事の練習にも積極的に参加し、クラスの友だちとも協力して練習に取り組んでいる姿が見られました。

　5年生になっても欠席は時々ありましたが、長期的な欠席は、母親の入院に伴う保護者不在のため、児童相談所に一時保護された1週間程度でした。クラスの雰囲気は男女仲もよく、休み時間になるとみんなで遊ぶことが多かったように思います。A子もその中で学校生活を楽しんで送っていました。

　ただしA子の場合、家庭で学習や生活面の支援が十分ではありませんでした。例えば授業中に寝てしまうことや学習用具が揃わないことがありました。また、A子には発達障害の傾向があり、集中力が続かなかったり、衝動的になったりすることがしばしばありました。周囲の理解や落ち着けるような雰囲気づくりによってクラスに順応していたように思

います。確かに言葉遣いの悪さや乱暴なところはありましたが、友だちとの大きなトラブルもなく過ごしていました。

2　家庭の状況

　A子の家庭環境にはいくつかの課題がありました。義理の父親は働いておりません。母親が働きに出たり家事をしたりしているようでした。学校からの配布物や提出書類などは、期日に間に合うことはほとんどなく、学級担任が家庭訪問をした際に、保護者に記入してもらい、それを回収することが多々ありました。

　2学期になるとA子は、家庭環境の課題（義理の父は、家庭のことは何もしない上に、働いていない）を不満・ストレスに感じると話すことが度々ありました。この時期から学校に登校しようとするA子の気持ちが希薄になったようです。母親が来校した際も、家庭内の課題を話題にすることが多く、誰かに自分の話を聞いてほしい様子でした。

A子の登校時には、「今日は朝ご飯を食べていない」「昨日はほとんど寝ていない」などと発言することがあったため、管理職と相談して、別室で飲み物や軽食等を与えたこともありました。母親とは、A子が欠席する場合は必ず連絡をくれることになっていましたが、だんだんと連絡なしで欠席することが多くなってきました。

　次第に母親自身とも連絡が取れないことが多くなり、母親からA子の携帯番号が学校に伝えられました。母親に連絡がつかない際には直接A子へ連絡してほしいとのことでした。それでもA子は週に1～2回は登校を続けていました。しかし登校しても学校で寝ることや衝動的になることが増えていきました。

3　A子の3学期とその後

　3学期は断続的な不登校状況となり、学級担任はA子のペースに寄り添いつつ、学習・生活面でサポートを続けました。また、学級担任は、保護者に週に一度、A子にも週に一度は電話連絡を続けました。電話連絡や家庭訪問をした際には、父親と接触することがありました。父親は比較的落ち着いた印象でしたが、A子が懐いている様子はあまり見られず、親子としての会話もあまりなかったように思います。

　このようにして5年生では、全体の3分の2程度は登校しましたが、家庭の状況が改善する様子は見られませんでした。A子は家庭環境の不満やストレスに嫌気がさしている様子でした。

　6年生に進級すると学級担任やクラスの友だちが変わり、学級環境もかなり変化しました。新しい学級担任も引き続き家庭訪問や電話連絡などの支援を行い、A子も4月当初は登校していました。しかし1ヶ月程でA子の欠席は多くなり、やがて不登校状態になりました。6年生の2学期に、保護者の転居という理由で、A子は学区外の他校に転校することとなりました。

4　学校のサポート体制

　A子の様子は4年生の時の学級担任から5年生の学級担任へと詳しく引き継がれました。欠席が続いて学級担任が家庭訪問したときもA子は、学級担任とよく会話ができました。定期的な家庭訪問では、宿題や学習進度の確認をして、最近教室で話題になっていることを伝えたり、近所を散歩するなどを行いました。

　学級担任は学年主任や4年次の学級担任と相談しながら、A子への対応を検討しました。管理職（校長、教頭）や生活指導主任、養護教諭を交えて不登校対策委員会を開催し、今後の対応策について様々な立場から助言を得ました。「A子の心身の安全のためにも週に一度、安否確認を兼ねる電話連絡を継続すること」「学校給食を食べるために遅刻しても登校するように声かけすること」「母親へも何らかのサポートを行う必要がある」等の助言がありました。週に一回程度の登校でも、学校給食をしっかり食べられることや、家庭の不満・ストレスを解放して、A子が安心して学校生活を送ることを目指しました。

　A子は発達障害の傾向がありましたが、専門的な知識をもったスクールカウンセラーや養護教諭の協力を得て、学級担任は個別指導を中心に、A子の負担のない範囲で集団活動にも参加させました。特にA子の集中力を継続させる点に特化したサポートを行いました。また、母親のサポートも必要でした。スクールカウンセラーや外部相談機関への連絡を勧め、母親が一人で悩みを抱え込まないようにするための支援を行いました。

　学年末には6年生学級担任への引き継ぎを行い、家庭の状況や児童自身の性格などについて、児童相談所との情報交換を図っていました。しかし6年生に進級後も、家庭状況が改善することはありませんでした。その後A子は、児童相談所に一時保護されましたが、学校には再登校することのないまま他校に転校することになりました。

指導の振り返り

❶ A子との関係性

　A子が登校した際には、学級の友だちと良好な関係を築けるような雰囲気づくりが大切でした。学級担任は家庭訪問や電話連絡を継続していたため、A子とよい関係を構築できました。

　しかし、クラスの児童との繋がりはA子が登校したときのみに限られます。日頃から誰とでも積極的に話をすることができる友人関係づくりが大切でした。

　A子の保護者とも良好な関係が維持できるように連絡を取り合い、情報交換がスムーズにできるような関係を保つことが、A子自身の成長ためにもなると考えました。

❷ 組織的な支援体制

　A子の自宅への家庭訪問や電話連絡の際には、学年教員全体で対応するようにしました。学年の業務を分担して、A子への対応中、業務に支障がないような配慮がありました。学級担任一人に任せるのではなく、不登校対策委員会での助言など、組織的に不登校問題に対応する体制づくりが必要でした。

　不登校の背景にある様々な要因を把握しつつ、教育活動の範囲内での生活面の支援方法を探りました。オンライン授業などの様々な方法もありますが、定期的な家庭訪問など、A子自身が登校しやすい状況づくりに努めました。

❸ 外部機関との連携

　A子の場合、複数の要因が重なり不登校になったと考えられます。不登校対策委員会は、学校だけで対応できない事案であると判断し、スクールソーシャルワーカーや児童相談所と連携をとりました。学校がどこまでA子に寄り添い、どこまで家庭に介入できるかが不明点でした。

　スクールカウンセラーや相談機関とは情報交換できましたが、A子を取り巻く家庭環境の根本的解決には至っていません。保護者が、A子に毎朝、食事を用意し、登校の準備を行い、学校に送り出すという、生活リズムを定着させることは難しかったようです。

課題解決に導く基礎知識

1　不登校の要因

　本事例は、小学校5年生の女子児童Ａ子の長期間にわたる間欠的な不登校状況から転校に至るまでの経過報告です。Ａ子の不登校の要因としては、家庭に係る状況、特に父親・母親との関わり方に起因していると考えられます。この要因は小学校の不登校として全体の13.2％（第2位、令和3年度文部科学省調査）を占めており、主要な要因の一つです。

　Ａ子の感情に寄り添えば、義父の不就労等に不満を抱いている点で、実父との関係に配慮することが大切です。その上で母親を交えてＡ子の気持ちを丁寧に聴き取り、義父と折り合いをつける機会を設定することなどが必要でした。

　一方で、Ａ子の母親の就業と家事の両立には限界がありました。小学校の児童が毎日、健やかに学校の教育活動に集中できるためには、次のことが大切です。

　　①温かい食事が用意されていること
　　②身体と衣類が清潔に保たれていること
　　③安心して熟睡できる場があること

　働く母親の子育て支援として、厚生労働省や女性労働協会が主管・助成しているファミリーサポートセンター事業や、児童健全育成推進財団が支援する放課後児童クラブなどがあります。

　母親とＡ子の状態から、このような支援機関へ積極的につなげることが必要となります。

2　組織的な生徒指導

　近年は生徒指導上の課題が複雑・多様化し、学級担任一人では対応で

きないケースが増加しています。本事例においてもチームガイダンス（チーム支援）などの組織的な生徒指導が重要な支援方法です。一つは校内での教員集団による協働的支援です。もう一つは外部機関の積極的な活用です。

　本事例では、Ａ子を介して4年生と5年生の時代、そして6年生までの各学級担任が支援方法を適切に引き継いでいます。また、学年主任・生徒指導主任・養護教諭・管理職（校長、教頭）による支援体制も整備されています。具体的には不登校対策委員会という名称で組織化され、定期的にＡ子と保護者の詳細な状況と支援方法を共有することができました。結果としてＡ子は、教室にいる間は友人関係に恵まれ、クラスに適応している様子です。

　さらに、スクールカウンセラーやスクールソーシャルワーカーなどの非常勤職員を含めて、児童相談所など外部機関の職員との協働体制が試みられています。

　なお、「児童虐待の防止等に関する法律」では、「児童の心身の正常な発達を妨げるような著しい減食」（第2条）が児童虐待と見なされます。

　また、児童虐待防止に向けた学校等における適切な対応の徹底について（通知）」では、学校の教職員に対して、「幼児児童生徒の日常生活について十分な観察、注意を払いながら教育活動をする中で、児童虐待の早期発見・対応に努める必要があること」、さらに「虐待を受けた幼児児童生徒を発見した場合には、速やかに児童相談所又は市町村、都道府県の設置する福祉事務所へ通告すること」が定められています。

　学校の教職員は、児童福祉法の「児童の保護者とともに、児童を心身ともに健やかに育成する責任を負う」（第2条）という基本精神を常に念頭に置かねばなりません。

3 特別な配慮

　学校側ではＡ子の日頃の様子から、発達障害の傾向を疑っています。具体的には注意力の散漫や衝動性、乱暴な言葉遣いや振る舞いなどが指摘されています。この判断には専門医による丁寧で的確なアセスメントが必要です。

　また、適応上の困難さが見られる児童、いわゆるグレーゾーンに含まれる児童という可能性もあります。本事例のように保護者の協力が得られない場合やグレーゾーンの児童の場合は、養護教諭や学校医、そしてスクールカウンセラーによる総合的な判断を待ちます。その上で学校側はＡ子が抱えている困難さに応じた対応を考える必要があります。特にＡ子が抱える不満や悩みなどを、Ａ子の立場で聴き取る養護教諭やスクールカウンセラーの存在が不可欠となります。

Case2

別室登校を続ける男子児童

・・・・・・・・・・・・・・・・・・・・・

〈事例〉

1　入学時からのＢ男の様子

　現在小学5年生のＢ男は、活発で好奇心旺盛で、読書が好きな児童です。ただし、小学1年生のときから授業に集中したり、人の話を聞いたりすることが苦手でした。1〜2学年の学習時、読書をしたり絵を描いたりするときには、他の児童と一緒に取り組むことが難しかったようです。友だちとの関わり方も幼稚で、廊下を走り回って楽しんだり、友だちをたたいて遊んだりするなど、年齢相応の遊びとは言えない、幼稚なことを楽しむ様子が見られました。

　3〜4学年の学習時には、教室内で受ける授業に参加することが少しずつ困難になりました。クラス全体の授業規律を守るため、Ｂ男の好きなタブレットでの学習アプリによるゲームを認めないこととしました。その結果、Ｂ男が教室内でできることはなくなり、教室内に居ることができなくなってしまいました。

　体育や図工は好きな教科であるため、他の児童と同じように授業を受けることはできました。しかし運動会の表現運動のような、手本となる踊りがあり、その踊りを真似るというようなことは非常に困難であり、個別の対応が必要でした。

　どの学年時においても、Ｂ男が所属するクラス全体は比較的落ち着いており、大きなトラブルは確認されていませんでした。しかし、Ｂ男を巡って些細なトラブルが起こることは日常茶飯事でした。一方でＢ男が

学校を休むことはありませんでした。朝の登校時は一番に教室に入って くるような児童です。

2　5年生になったB男の様子

　5年生になり学級担任が変わったり、クラスの雰囲気が変わったりし てもB男の行動に大きな変化は見られません。自分の気に入らないこと があると自分の教室ではなく、共通スペースに本を持ち込み、仰向けに なって読んでいることもありました。

　1学期後半になると、B男は教室に長くいられなくなり、今までは行 きたがらなかった別室の学習室に行くことが増えました。共有スペース での約束事が守れなかった際、学級担任や管理職と話をすることが多く なり、しばしば学級担任や管理職を叩く、蹴るなどということがありま した。学級担任からだけの支援では限界であるということで、学習サ ポーターをつけることになりました。学習サポーターに対しても、「あっ ち行け」や「どけ」というような暴言を吐くことも多く、大人との関わ り方にも課題が出てきました。

２学期も後半になるとＢ男は、学校に登校しても自分の教室には入らずに、別室の学習室に直接登校するようになりました。Ｂ男の気持ちの問題なのか、何かしらの障害の影響であったのかは明確ではなく、なぜ自分の教室への入室をしぶるようになっていくかは不明の状態です。

3　Ｂ男の保護者の様子と現在

　Ｂ男が学習に取り組めないことや遊び方が幼稚であること、学級担任や学習サポーターなどに対しての暴言について、保護者面談や電話連絡をしても、保護者の理解はあまり得られず、「Ｂ男は早生まれだから」で済まされている部分がありました。Ｂ男の困り感に本気で向き合っているというよりは、最低限のことを学校側がしてくれれば、それでよいと保護者は思っているようです。

　Ｂ男の保護者からは、現状への危機感や将来への不安のようなことは感じ取れず、「学校ではそうなんですね」で済まされているため、面談後にＢ男の様子が変化することはありませんでした。Ｂ男は今も元気に学校に登校するので、保護者としての困り感と学校での困り感とに差異が生じていたと言えます。

指導の振り返り

❶ 学校側の指導援助

　入学から5年生までどの学年においてもB男は、学級担任の指導だけでは、対応が困難な児童であるため、学年全体で連携して支援を行いました。1～2学年のうちは、他の児童と同じように教室内に居ることが多かったのですが、学級担任だけではB男への指導や支援は厳しい部分もありました。B男の体格も大きくなり、安全面を確保できないため、管理職の判断で5年生の2学期からは、学習サポーターを配置することになりました。

　配置は毎授業時間ではありませんが、学習サポーターがいることによって、B男への支援が手厚くなりました。さらに学級担任は、クラスの他の児童へもきめ細やかな対応ができるようになりました。

　これまでも定期的にB男の保護者との面談や電話連絡を行っていました。しかし保護者の理解や協力、具体的にはB男へ学校のきまりを守るよう言い聞かせたり、保護者自らが教育相談センターへ相談したりすることなどがなかったため、もっぱら学校側、学級担任が中心にできることをするという現状でした。

❷ 適応指導教室との連携

　学校では学年会議での毎週の情報共有、さらに管理職、特別支援コーディネーター、学年主任及び学級担任が参加する特別支援委員会での情報共有を定期的に行い、個別的に合理的な配慮の方法を模索しました。

学習サポーターを配置することでB男の安全管理はできたものの、B男がクラスに戻って、友達と一緒に授業を受けられるようにすることまではつながりませんでした。

　特別支援委員会での検討の結果、「教育委員会が主管する適応指導教室（週に2時間の通級）に通学させることで、B男に相応しい対人関係を学ぶことができ、現在のクラスでの生活にも生かすことができるのではないか」という方針を決め、入級に向けて次のような準備を行いました。

　まず、教育委員会の心理士による学校巡回の際に、第三者の立場からB男自身やその周りとの関わり方を記録してもらいました。また、B男の家庭やクラスでの状況を書類にして教育委員会に提出しました。結果は残念ながら適応指導教室の担当者による判定は「検討の余地あり（保留）」というものでした。

　現在、適応指導教室への入級希望者が多く、学校側の希望に添えないことがあることは承知していました。結果として、入級の措置は先送りとなりました。B男本人にとってよりよい支援方法は何か、教育行政と学校現場との連携方法に課題を感じることとなりました。

❸　教室への行きしぶりと今後の支援

　B男の受診について保護者の理解・承諾が得られなかったため、発達障害等に関する診断は受けていません。B男が衝動的であることへの対応は、学級担任や学習サポーターに任せられていました。

　B男は学校への登校しぶりはないものの、教室に行くことへのしぶりがあります。このようなケースでは、外部機関や支援機関などの支援が受けにくくなっているようです。児童は学校内にいるため、学校内だけで支援体制を考えることとなり、B男の状況改善にまでは至っていない状態です。

　また、依然としてB男は、すぐに乱暴なことをしたり乱暴な言葉遣い

をしたりするほか、他人を妨害するなどの衝動性の特性が見られます。このようなB男の振る舞いに対して、まわりの児童からの理解は得られにくく、良好な友人関係を築くことが難しい場合がありました。

　学級担任が、これまでのB男の様子を学級全体に話しながら、環境面（教室の席を一番前にし、離席する際には、学級担任に許可を得てカードを貼っておくなど）を配慮することで、現在のところ学級経営に大きな問題は起こっていません。

　ただし、B男の将来という長期的スパンで見たときに、最善の方法がとれているかは疑問が残ります。

　一般にB男のような児童も、ある程度の年齢になると落ち着いてくると言われますが、現在はB男への合理的な配慮と、学校や教育委員会等から発出されるきまり、具体的には学校やクラスの授業規律の統制との間で、学級担任が行う個別の対応に限界を感じるところです。

　B男とクラスの児童たちが今後も安心できる学校生活を送り、将来を見据えて自立することができるようにするためには、保護者・学校・支援機関などが協力し、個別の児童に焦点を当てた支援方法を行うことが何よりも大切であると考えます。

課題解決に導く基礎知識

1 不登校と別室登校

本事例は小学校5年生の男子児童B男が、かなり以前から別室登校を続けており、改善されないまま現在に至っているという現状報告です。ここで文部科学省の定める不登校の定義は、「何らかの心理的、情緒的、身体的あるいは社会的要因・背景により、登校しないあるいはしたくてもできない状況にあるために年間30日以上欠席した者のうち、病気や経済的な理由による者を除いたもの」です。

現在も毎日、元気に登校しているB男は、文部科学省が定めた不登校の定義には当てはまりません。本事例は「不登校ではないが、教室登校はしない」という特殊なケースです。特にこのケースでは、多くの児童が身に付けていく授業秩序や教室規律を受容できていないこと、B男の感情的には、「教室内には居場所がない」という点が課題となります。

さて、不登校児童の支援方法の一つに、教育支援センターとの連携があります。本事例においても学校側は、教育委員会が主管する適応指導教室に対して、B男の通級指導の申請を試みています。その結果は保留でした。しかし最近の事例研究では、むしろ校内（の）適応指導教室の果たす役割が注目されています。学校外の適応指導教室と比較すると、必要に応じて学級担任やクラスメイトと交流ができる、養護教諭やスクールカウンセラーの支援も受けやすく、何より保護者の物理的・精神的な負担が少ないことなどが利点です。

また、校内の別室登校との違いは、専属スタッフと専用教室が確保されていることです。本事例では幸いなことに、学習サポーターが配置されています。別室登校を整備して「校内適応指導教室」として、改めてB男の学習支援を開始することが期待されます。

2　児童の学習保障

　B男のこれまでの学習活動の様子から判断すると、教室での集団学習は困難なようです。衝動的で乱暴な振る舞いがあり、教員の指示通りには活動できません。したがって別室での個別的な配慮を伴う学習支援が適当です。B男への学習支援においては、できていないことやうまく取り組めていないことに注目せず、できていることを認めて、得意な面をうまく生かして進めることが大切です。

　所属学級に戻ってクラスメイトと一緒に学習することは理想ですが、今のB男にとって最も必要なことは、学習活動への興味・関心を失わないことです。幸いにもB男は読書好きで、運動や図工なども得意です。このような強みに注目しながら、B男のペースに寄り添って支援することが望まれます。

3　小学生の暴力

　本事例で注目すべきことは、B男の乱暴な振る舞いです。文部科学省の「令和3年度児童生徒の問題行動・不登校等生徒指導上の諸課題に関する調査結果の概要」では、全国の小学校における暴行行為の発生件数はこの9年間（H25年度10,895件→R3年度48,138件）で約5倍に増加しています（表1）。一方で中学校（H25年度40,246件→R3年度24,450件）、高等学校（H25年度8,203件→R3年度3,853件）は大きく減少しています。特に令和3年度における対教師暴力は、中学校2,497件、高等学校272件に対して、小学校6,657件と際立って多いです。

　学年別に令和3年度の加害児童数を見ると、小学5年生をピークとして小学1年生から6年生まで一様に5千人を超えており、看過できない状況です。暴力行為の背景には、それ以上の暴言行為等が存在すると考えられます。暴言や暴力が日常化することは、多くの児童の健全発達を

脅かし教職員を疲弊させます。小学校教育の正常化に向けた教育行政の喫緊的課題であると言えます。

　なお、家庭におけるＢ男の乱暴な振る舞いや衝動性などについては、保護者は話題にすらしてはいません。保護者の協力が得られない場合は、養護教諭や学校医、そしてスクールカウンセラーの総合的判断が支援の根拠となります。その上でＢ男に対しては、暴言や暴力を振るうのではなく、自分の気持ちや言いたいことを上手く表現する訓練を行うことが必要です。したがって学級担任や学習サポーターは、専門家としての研修を受けながら、その技法と理論的裏付けを習得しなければなりません。

表1　暴力行為発生件数の推移

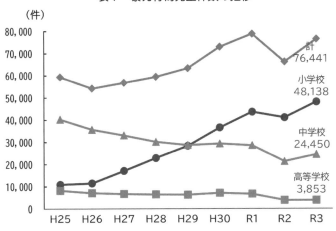

年度	H25	H26	H27	H28	H29	H30	R1	R2	R3
小学校	10,896	11,472	17,078	22,841	28,315	36,536	43,614	41,056	48,138
	1.6	1.7	2.6	3.5	4.4	5.7	6.8	6.5	7.7
中学校	40,246	35,683	33,073	30,148	28,702	29,320	28,518	21,293	24,450
	11.3	10.1	9.5	8.8	8.5	8.9	8.8	6.6	7.5
高等学校	8,203	7,091	6,655	6,455	6,308	7,084	6,655	3,852	3,853
	2.3	2.0	1.9	1.8	1.8	2.1	2.0	1.2	1.2
計	59,345	54,246	56,806	59,444	63,325	72,940	78,787	66,201	76,441
	4.3	4.0	4.2	4.4	4.8	5.5	6.1	5.1	6.0

※　上段は発生件数、下段は1,000人当たりの発生件数。

Chapter 2

....

不登校
（中学生）

Case3

いじめられたと言い張って
不登校となる(1)

・・・・・・・・・・・・・・・・・・

〈事例〉

1 バスケットボール部での様子

　中学1年生のA子は、両親と妹との4人家族です。家庭は経済的にも恵まれており、本人の意思を尊重するという両親の教育方針の下、やや甘やかして育てられてきました。

　中学入学後は、アニメなどでかっこいいと憧れていたバスケットボール部に所属していました。部活動に関しては、練習中の態度やあいさつを上級生から注意され、「うるさいな」と感じることもありましたが、A子はそれでも頑張って練習しているつもりでした。

　そんなある時、1年生部員のリーダー格であったB子は、上級生からA子の態度について、「いつもだらだらしているし、あいさつや返事もちゃんとできないから毎回注意しているんだけれど、直してくれないんだよね。どうしたらいいと思う？　あんまりきつく言うと傷ついて、やめちゃったりしちゃうし……」と相談をされました。

　B子にも気になっていた相談内容でしたが、はっきりとした対応策が頭に浮かばず、「すみません。1年のチームメンバーで声をかけていきます」と、その場では答えるしかありませんでした。

　一晩考えたB子は、翌日の練習後にバスケットボール部の顧問教員の許可を得て、A子も含めた1年生部員全員のメンバーと学年ミーティン

グを開きました。

2　ミーティングでも改善されないＡ子

　「先輩から１年生の部活動への意識や態度がちゃんとしていないから、みんなで声を掛け合って改善してほしい」と言われたというＢ子の発言に対してＡ子は、「うるさいことばっかり言うんだから」と否定的な態度でした。一方、他の１年生部員たちは、自分たちの改善の必要性を共有して、最終的には、「みんなでしっかりとやろう」ということになりました。

　しかし、その後の練習でもＡ子の態度には変化がみられず、Ｂ子だけでなく、他の１年生部員も気付く限り声をかけていましたが、効果はありませんでした。

　しばらく経っても改善の見られないＡ子に対して、１年生部員の中では、諦めのようなものが生まれてきました。しかし、責任感が強いＢ子

は、「改めてちゃんと言えばわかってもらえる」と他の１年生部員に言い、その機会を設けることを考えていました。

　夏季休業期間中の練習の後、片付けを終えた体育館で１年生部員が全員集まり、このことについて話し合いをしました。ほとんどの意見は、Ａ子に対してのものでした。

　ただし、その発言内容は個人を糾弾するようなものはでなく、
「Ａ子ちゃん、もうちょっと先輩の話をしっかり聞こう」
「あいさつはちゃんとした方がいいよ」
「準備や片付けは、手を抜かないでやろうよ」
など、具体的に行動の変化を望むものでした。

3　Ａ子の欠席が始まる

　その翌日からＡ子は、部活動に参加することがなくなりました。さらに２学期が始まってからは、学校への不登校も続きました。学級担任が家庭に連絡をすると、母親は、「部活動でのいじめがあったので、これが解決しないと登校できない」との一点張りでした。

　学級担任は、バスケットボール部の顧問教員にその旨を伝えました。そして１学年の同僚教員や顧問教員とともに、バスケットボール部員に対する事情確認を行いました。その結果、１年生部員だけでなく上級生からも、Ａ子の部活動での自分勝手で、意欲的でない態度に対して、何度も注意をしたのに聞き流されて困っていたということが確認されました。

　学級担任と顧問教員は、事情確認した結果を学年主任と生活指導主任、そして管理職に報告しました。報告を受けた管理職は、直ちに緊急の「学校いじめ対策会議」を招集しました。

指導の振り返り

❶ 学校としての対応

　「A子がいじめられた」という保護者からの訴えがあった場合、まず、それを認めた上でバスケットボール部員一人ひとりから事情を聞きとり、A子の保護者に報告することが確認されました。数日間に及ぶ聞き取りが、再度行われました。

　その間に学級担任は家庭訪問を実施し、丁寧な対応を心掛けました。しかし、A子の頑なな態度や母親の抗議の姿勢は変わりませんでした。

　バスケットボール部員への聞き取りの結果は、いじめの意図は全くなく、チーム内での改善をもとめる部員の正当な指摘を不満としたA子のわがままが原因だと思われる内容でした。しかし、母親はその内容自体ではなく、「一人に対して複数の部員が意見をいったらいじめだ」との主張を繰り返しました。さらに母親はB子と数人のバスケットボール部員と直接話しをすることを求めてきました。その勢いの激しさや一方的な主張からは、何人ものバスケットボール部員が傷つくことが予想される程でした。

　管理職は所管する教育委員会にこれまでの事情を報告しました。学校としてはA子の気持ちを否定せずに寄り添っていくこと、一方的ないじめと判断できないが、学校の生徒指導をきめ細かく、充実させることを保護者に約束しました。

② その後のＡ子の様子

　半年ほど学校に全く登校せず、学級担任の家庭訪問にも顔を見せようとしないＡ子でしたが、３月の進級認定のための校長面談には、母親とともに久しぶりに登校しました。

　母親は、Ａ子がこうなったのも、部活動の同級生部員や顧問教員のせいであると強硬な態度を崩しませんでした。

　校長がＡ子本人に向かって、「学校としては教育委員会に報告をしました。しっかりと調査をしたけれど、イジメをしようとする意図は確認できなかった。でも、あなたがそれだけ辛い思いでいることに早く気付いて、もっと寄り添ってあげられなかったことは、本当に申し訳なく感じています。本当にごめんなさい」と伝えました。

　すると、最初はふてくされ気味の態度だったＡ子が、ポロポロと涙を流し始めました。

　同じように涙している母親からは、「以前、新入生全員に対して校長先生が、私はこの学校の責任者だから、なにかあったら必ず直接私に話しに来なさいと言っていたのを、この子は覚えていたんです。あの校長先生ならわかってもらえるかもと言って、今日は学校と話し合う最後の機会だと思ってやってきました。校長先生の口からその言葉が聞けて、来てよかったです」という言葉が聞かれました。

　それ以降、Ａ子は短時間ですが、学校に足が向くようになりだしました。しかし、この半年間、家庭での生活リズムも乱れ、家出や深夜徘徊等の非行を繰り返していたこともありました。そのような悪循環を断ち切ることは難しく、実際に警察が関与する事態も発生しました。

③ 卒業までの経過

　Ａ子が２年生に進級すると、新しく着任した養護教諭の働きかけで保健室登校を開始しました。時には授業に参加することもありました。母親もＡ子の荒んだ気持ちを何とかしようと、様々な体験や通院の機会を

用意したようです。最終的にＡ子は屋外での習い事が気に入り、そこでの活動に喜びを見いだしました。

　性格の似ているＡ子と母親は、家庭でも度々衝突していたようです。それに伴い保健室登校はよく中断されました。さらに外部での新たな人間関係に影響され、再び心が荒れ警察に補導されることもありました。

　この１年間は母親が校長や養護教諭に心を開くようになり、いくつかのアドバイスを求めるようになりました。しかし、Ａ子の家庭での生活行動を是正することは容易ではありませんでした。

　Ａ子は３年生に進級しました。新しい学級担任には受け入れられているという安心感を実感できるようになりました。少しずつ教室に滞在する時間も伸びていきましたが、自分勝手な行動や校則に従おうとしない態度は、簡単には改まりませんでした。楽しみにしていた学校行事も、最終的にはＡ子本人の意思で不参加を決めました。

　３年生２学期の進路選択の場面では、多くの葛藤や親子の衝突場面が見られました。さらにＡ子と年上の男性との交際問題も発生するなど、保護者の心配や苦悩は目に余るほどでした。

　最終的な進路はＡ子本人が希望するものとなり、保護者もそれを認めることで、Ａ子は落ち着きを取り戻しました。

　Ａ子の自己中心的な言動と感情や気分に流されやすい面は結局変わりませんでした。しかし卒業式にきちんと参列して３年間お世話になった教職員にお礼を言って巣立つことができました。

1 部活動における同調圧力

　本事例は中学1年生の女子生徒A子の約2年半にわたる不登校状況から卒業に至るまでの経過報告です。不登校状態となる端緒は、2年生の夏期休業期間中の運動部活動の終了後、1年生全員ミーティングが行われ、同級生全員からA子の行動の変化を求める指摘や注意などがあったことです。

　学校側はミーティング場面を、「一方的ないじめとは判断できない」としています。確かにこのようなケースは、平成25年の文部科学省通知「いじめ防止等のための基本的な方針」に例示された、いじめの態様には該当しないと判断されます。しかし、本事例のような仲間集団による同調圧力（peer-pressure）には、以下のような留意点が指摘されています。

　まず、「仲間への同調についてみると、12歳頃が最も高い」、また、「この時期の子供たちは仲間からの影響に非常に敏感になる」ことです。特に団体競技の運動部集団は、仲間内の一体感・凝集性などを求め合う傾向にあります。

　したがって、以下のような指摘にも、注意を払う必要があります。

　「力を行使する側への集団的同一化による『影の排除』という機序がスケープゴートを生起させる一因となっている…（中略）…その結果、集団への同調圧力がスケープゴートをつくり出し、成員や集団の自尊心を高めたりするプロセスがある」

　責任感が強くリーダー格のB子だけが、A子に注意を促したのであれば、二人の衝突で終わっていたのかもしれません。しかし他の同級生たちは、A子にそこまで言えないという、あきらめに似た気持ちがありました。だからこそ1年生全体ミーティングの場面では、B子に対して

「同調行動をとることで、表面的な友人関係によって、一時の適応状態を築いていた」という可能性があります。

　自己主張の強いＡ子の意思を挫くほど、同級生集団による同調圧力の影響が大きいわけです。特に中学校教員は中学１年生という年齢段階を踏まえて、このような指摘を考慮しておく必要があります。

　なお、上記の引用部分は井口武俊らの以下の文献によるものです。

　井口武俊・河村茂雄（2021）「学級における同調圧力がもたらす否定的側面とその改善を検討した先行研究の展望」『早稲田大学大学院教育学研究科紀要』（別冊）28号２、173〜181頁。

　一方、教育課程外の教育活動である部活動は、生徒たちの自主的な行動を認める場でもあります。しかし中学生は義務教育段階です。また、この場面は学校内での、教職員の勤務時間内の出来事です。さらに学習指導要領で部活動は、「学校教育の一環」と位置づけられています。したがって、学年全体や部活動全体で行われるミーティングなどは、必ず顧問教員の同席の下で実施するという体制づくりが大切となります。

（文部科学省（2018）『中学校学習指導要領解説総則編』東山書房）

2　思春期の女子の特徴

　Ａ子の不登校の開始は、同級生集団から一斉に行動の非を指摘されたことが端緒と言えます。それ以降、約２年半にわたり不登校傾向と自己中心的な行動、母親との衝突が続きます。このようなＡ子の振る舞いについては、以下のような思春期の子どもの特性を知る必要があります。

　「思春期の子は感情に走りやすく、感情をおさえられないことが多いのです。その結果が、気分変動です」「怒りや不満とうまくつきあうのはむずかしい。家族とのけんかの原因にもなる」「子どもが極端な感情にとらわれていたら、その底にひそむ思いや原因を見きわめたい。行為

のほうに気をとられてしまってはいけない」「悲しくなったり不安になったりするのは、まったくふつう。そんな感情がずっとつづいているのなら、医師の診察を受けよう」等々。

　さらに大人から見て、やや危険な行動を志向する傾向があります。「思春期の若者はおとなよりスリルを求め、衝動に走りやすいところがあります…（中略）…親から距離をおいて自立したいという欲求も高まります」

　Ａ子自身はいじめられたという認識が希薄なのかもしれません。しかし自我の強いＡ子のプライドはかなり傷ついたと考えられます。一般にいじめの被害者は、「自尊感情の低下、不安、攻撃性や怒りの感情の増加など、心の健康も損なわれてしまいます」。したがってＡ子の側に立って、Ａ子の感情（情動）に寄り添って話しを聴き取る人物が、しかも母親以外に、学校側に存在することが大切となります。

　なお、上記の引用部分は、ロバート・ウィルソン監修、名越康文日本語版監修、林啓恵・蒔田和子訳（2019）『思春期の心とからだ図鑑』（三省堂）からのものです。

3　学校側の課題

⑴　中学校長の役割

　現在、いじめ問題は学校が全力で対応すべき喫緊課題です。平成25年に、『いじめ防止対策推進法』が成立して「学校いじめ対策組織」等の設置義務が、さらに平成29年には、『いじめの重大事態の調査に関するガイドライン』が制定され、当該教育委員会への報告義務が定められました。

　本事例においては、学校側とＡ子の保護者側の間にあるいじめの認否に関する見解の相違を埋めることはできませんでした。しかし、それより重要なことは校長自らＡ子と母親へ謝罪し、卒業までのサポートを約

束したことです。Ａ子の不登校とその後の自己中心的な振る舞いに、い
つまでも翻弄される母親にとっては、唯一の頼みの綱だったと言えま
しょう。

　校長は「学校いじめ対策組織」の実質的責任者であり、強力なリー
ダーシップの発揮が期待されています。公立中学校では特に、思春期の
生徒を対象としているため、組織の長がＡ子と母親から直接窮状を聴き
取り、そのサポートに専心するという時代が来ているのかもしれません。

⑵　養護教諭やスクールカウンセラーの役割

　校長のリーダーシップも重要ですが、いじめ問題や不登校対応には、
より専門的な教職員の支援が大事です。Ａ子が２年生に進級して、転任
してきた養護教諭のアプローチにより保健室登校ができるようになりま
した。それをきっかけに教室での授業参加も増えています。養護教諭は
女子生徒の異変などを早期に察知することが可能です。また、保健室は
落ち込んでいる女子生徒に対して「心の居場所」の役割も果たしていま
す。

　残念ながら本事例では、スクールカウンセラーの活用には至っていま
せん。週１日の学校への配置では、年々増大していく相談対応をこなし
切れていない状況があるようです。公立中学校においては、スクールカ
ウンセラーの配置日数の増加や専任化の必要性が高まっています。不登
校生徒のサポートのためには、学級担任以外のスタッフを充実させると
いう、重層的な支援体制の構築を早急に実施しなければなりません。

Case4

いじめられたと言い張って 不登校となる⑵

・・・・・・・・・・・・・・・

〈事例〉

1　突然の不登校

　中学2年生のB男は一人っ子で、父親とは幼い頃に離別しています。現在は、母親とその両親と一緒に4人で暮らしています。B男はたいへん生真面目で学校生活にも意欲的でした。ところが2学期後半から学校を欠席しがちになりました。1年生の時には学級委員を務めていたB男が、なぜそうなったのか、当初は誰も理解できませんでした。

　学級担任がB男の母親から欠席の事情を聴き取りました。理科の授業でグループごとに元素記号を覚えるカードゲーム方式のグループ学習をしていたところ、C子と他の2名の女子から仲間外れにされたとのことでした。B男の母親は3名の女子をひどく罵倒するとともに、授業担当者の責任を追及してきました。

　学級担任は速やかに授業担当者から事情を聞き取って、その結果を保護者へ連絡することを約束しました。さらに学年主任と生徒指導主任、そして管理職とともに、この問題への対応方法について相談しました。

　場合によっては、いじめと認定することも前提にして、慎重な情報収集が行われました。収集した情報を確認した結果、思春期では些細な発言にも傷つき易い点を考慮しつつ、いじめとは思われないやりとりであることが判明しました。実際には理科が非常に得意なB男に対して、女

子3名が負けまいと協力しながら取り組んで、結果的に数枚差でB男が勝てなかったことに起因するものでした。

2　母親の不満とB男の様子

　収集した情報を整理した上、学校が判断した結果をB男の母親に伝えました。すると母親は、B男の高校進学に悪影響が及んだら、その責任を誰がとってくれるのかと学級担任を執拗に攻め続けました。

　学級担任はその後も、電話連絡や家庭訪問を継続しましたが、このような状況は一向に改善されず、B男にも玄関先で顔を見るのが精いっぱいでした。

やがて12月になり、Ｂ男本人も楽しみにしていた３学期の市内遠足の準備が始まりました。少しずつＢ男が学校へ来る機会も増えてきました。まず、保健室登校を開始して、市内遠足への取り組みの時間は、自分の教室へ入ることもできるようになりました。

　その時期になってようやく、Ｂ男本人や保護者と接触がとれるようになってきたスクールソーシャルワーカーや養護教諭から、Ｂ男の生育環境や家族状況等についての新たな情報がもたらされました。

3　明らかになる家族の状況

　Ｂ男の家庭では祖父が絶対的な存在でした。祖父は、Ｂ男の進学先は地域のトップ校しか認めないという頑固なタイプでした。祖母もそれに追随しており、Ｂ男本人に口うるさく学習のことを言っている状況でした。

　母親が心療内科へ通院していることが判明しました。母親は精神面での浮き沈みが大きく、自らが職場から解雇された経験があるなど非常に不安定でした。結果的にＢ男への否定的発言や暴言は日常茶飯事となっていました。

　こうした家庭の状況が、Ｂ男本人の辛い気持ちにつながっていることが容易に想像できました。しかし家族はそれを認めていません。むしろＢ男の家庭は地域でも有名な教育熱心な一族であると自負しています。したがって家族全員が、家庭以外の場にＢ男の不登校の原因を求めていることが分かりました。

4　抑圧されていくＢ男の気持ち

　高学歴を志向する家族は、Ｂ男が２年生の２学期になると、大好きだった習い事を一方的に辞めさせました。そして高校進学のためという

理由で、Ｂ男を学習塾へ入塾させました。これがＢ男の欠席傾向の原因の一つだったのです。

　Ｂ男は、自分の意思を全く無視して、進学のみに価値を見いだしている家族と何度も話し合いをしました。その度、「まだ経験がないくせに」とか、「社会人になっていないお前には何も分からない」などと言われ続けました。

　Ｂ男の考えを全く聞こうともせず、頭ごなしに否定する家族への不信感を徐々につのらせていきました。ついに家族と話し合うことを諦め、言いようのない怒りや叫びたくなるような思いを、自室に引きこもることで主張しだしたのです。

　そして、家族の常識や考えに反抗するかのように、自室をごみ屋敷のような不衛生な環境にして生活するとともに、学習や登校を拒否するというＢ男なりの抵抗を続けていました。家族は彼を非難したり、否定するだけで、誰もＢ男の気持ちを受け止めることができませんでした。その結果、家族全員が出口の見えない負のスパイラルに巻き込まれてしまいました。

指導の振り返り

① 市内遠足にも欠席

学校側がB男の家族に変化を加えることは困難でした。その代わりありのままのB男を受け入れるとともに、家族への不信感や怒りを教員側が受け止められるような体制を整えました。時には自分勝手であり、自己主張も稚拙なB男でしたが、言動がちぐはぐな側面に対しても否定せずに、教員は彼の気持ちに寄り添うことを心がけました。

また、教員自身が健全な大人モデルとなって接することを心がけました。家族以外の大人の存在を積極的に意識させるよう、学級担任だけでなく養護教諭や不登校担当の非常勤教員、そして管理職を中心に多くの教員が関わりました。

学校でのB男は、自分の考えを頭から否定されたり、大人の思い通りにされることがありませんでした。したがって登校した際のB男は、とても楽しそうで、いろいろな話をよくしてくれました。

教員との関係性を向上させながら、健全な大人がどういうものかをB男に意識させるという取り組みを続けました。市内遠足の前日を迎えて、保護者もB男本人も参加の意思を示しており、B男の楽しそうな表情に嘘はありませんでした。

しかし当日の朝、B男は集合場所に現れることはありませんでした。家庭連絡をすると、母親は学校のせいで参加できなくなったのだと非常に強い口調で学級担任を攻めました。さらに管理職にも激しい口調で叫び続けました。

❷ 市内遠足欠席の理由

　B男は学級担任に、当日になって市内遠足を欠席した理由を、以下のように話してくれました。実は市内遠足の前夜に母親と口論となり、B男自ら参加を取り止めたとのことでした。しかし、自ら参加を取り止めたと正直に話すと、母親が再び興奮して手がつけられなくなるので、友達のせいにしたとのことです。

　学校としてはとても困ってしまうB男の嘘でしたが、彼の切羽詰まった状況を思うと、それを追及することはできませんでした。その後もB男は、しばしば家族に嘘をついて、学校がその後始末に追われることがありました。しかしB男が学校へ登校すると、それぞれの経緯を素直に話してくれました。

❸ その後のB男

　2年生3学期に、B男の進級判定に向けた校長面談が行われました。校長は学校を代表してB男の辛い気持ち、家族に分かってもらえない悲しさ、今後への不安などにしっかりと寄り添いながら、「学校はいつでも君の味方になる。今の生活を続けるのではなく、自分の将来に向けて頑張っていこう」と伝えました。

　B男はこの学校が好きだという気持ちを自覚しており、中学校生活の最後の1年間は、一人で家族に抗議し続けるのではなく、この学校にいる大人の力を借りて、何とかやってみようと思うようになりました。

　B男には春期休業期間中を利用して、少し家族との距離をとって自分自身を見つめる時間を過ごしてほしいという校長の願いについて、家族への説明と説得を数回試みました。その結果、B男は4日間、地方都市のある家庭を寄宿舎とした、集団宿泊生活をすることができました。

　不登校問題に関心が高い寄宿先の家庭では、学歴にこだわらない多様な価値観をもった、多くの働く大人や他校の不登校児童・生徒と出会い、大自然の中で彼らと触れ合う体験ができました。この集団宿泊生活では、

単に家族から離れて時間を過ごすことだけでなく、それ以上の効果があったようです。

④ 変化する家族関係

　充実した春期休業期間を終えて4月、B男は3年生に進級しました。しかし、三者面談で来校する母親はマイペースなB男の状態や、家族が望む進学先と本人との学力差に苛立つことがありました。また、精神的な不安定さのため母親はしばしばパニックを起こしてB男を責めつづけ、学校内の器物を破損してしまうという事故もありました。

　一方でB男は、学校への信頼感を少しずつ強めていました。また世の中には、自分の家族とは異なる価値観をもって生きている大人が、実はたくさんいるという経験にも支えられていました。

　この間、学校では管理職からB男の祖父母に対して、思春期の特性や対応の難しさを理解してもらうという働きかけを行いました。祖父母の考え方を否定しないように留意しながら、B男に対して自分たちの価値観に基づいた生き方や進路選択をさせようとする「○○すべき論」ではなく、今の状態を改善していくという視点をもってもらえるよう、粘り強く祖父母への面談を重ねました。

　全面的な同意や考え方の大きな変化は得られませんでしたが、それでもB男への期待を諦めるのではなく、学校を信頼して任せるとともに、B男に対する干渉を控えるように意識してくれるようになりました。

　B男自身も祖父母の変化には気づいてはいました。だからといって以前のような生活や家族関係には、簡単には戻れないと口にしていました。しかし家族への反抗よりも、自分自身の将来に向けた進路選択を大切にしたいという気持ちが、B男には少しずつ芽生えていました。

　B男は半年以上の学習の遅れを後悔して、時にはあきらめそうになる気持ちと闘い、何度も学習に取り組み続けることができました。そして翌年の3月には、B男の望む進路へと巣立っていくことができました。

課題解決に導く基礎知識

1 家族問題

　本事例は中学 2 年生の男子生徒 B 男の、約 1 年半にわたる不登校状況から高校進学までの詳細な経過報告です。不登校の端緒は理科のグループ授業における仲間はずしです。しかしこの事件の本質は、B 男による自分の家族への反乱の口実と考えられます。

　B 男の不登校は家族への反乱として表面化したと解釈すると、以下のような指摘が参考となります。

　「中学生の親子関係の問題としては、学業成績や生活態度などを親から叱責されたり、親の言葉や態度に反発したり、考え方や価値観の相違などをめぐる対立等が考えられる」

　この対立等の背景には以下のような家庭内の問題が指摘されています。

　「両親の離婚、祖父母と父母の不和など、不登校児童生徒本人に直接原因のない家族関係の問題である」

　本事例でも不登校生徒個人の問題というより、機能不全家族の問題が存在すると考えられます。この機能不全家族とは、次の通り説明されています。

　「家族が直面するさまざまな問題に対して、的確な対応ができない家族を指す。…（中略）…機能不全家族では、家族成員一人ひとりが尊重されず、自分の感情や意見を率直に表現することができない」

　したがって不登校という形式を借りた B 男の家族への反乱は、以下のように再解釈することができるわけです。

　「子ども達は不登校という現象を通して、家族が変わらなければ家庭が崩壊するかもしれないことを訴えているといえるでしょう」

　本事例の B 男は不登校傾向を続けながらも、登校した折には学級担任と打ち解けた会話ができています。3 年生に進級した以降は、登校する

ことができるようになり、自らの進路実現に向けて学習に集中しようとする変化が起きています。ただし、家族への反乱が解消されたのかは定かではありません。なお、上記の引用部分は次の文献によります。

　草田寿子（2005）「アダルト・チルドレン、不登校」、松原達哉・楡木満生・澤田富雄・宮城まり子編著『心のケアのためのカウンセリング大事典』培風館、485〜494頁。

2　中学生の自立

　B男は中学2年生の13歳、思春期の真っ直中であり、第二次反抗期の時期に相当します。この時期の中学生は自立的思考を発達させます。また、思春期の脳の成長により抽象的思考や論理的思考、複数の意見を比較したり、共感する能力が育ち、自立的な行動が促されます。

　B男の家庭を支配する祖父の考え方には、古典的な固定観念がありました。B男とは世代間の格差があり、現代的な子育ての感覚が発揮されていません。

　そこで先生方や保護者の方々には、英国の専門家が推奨して日本の精神科医が賛同する、思春期の子どもに対する親の接し方の代表例を以下に紹介します。

・子どもには安全な環境の中で、自主性と自由をあたえたい。

・まずは子ども自身に決めさせる。

・多面的にものごとを検討し、批判する力を身につけさせる。

・子どもが自分の意見を言えるように、自由に話させよう。

・同意できなかったとしても、批判しないように気をつける。

・その考えについて、もっと説明して欲しいと求める。

（ロバート・ウィルソン監修、名越康文監訳、林啓恵・蒔田和子訳（2019）『思春期の心とからだ図鑑』三省堂）

---

3 学校側の姿勢と対応

　家族問題で長い間抑圧されてきたＢ男は、母親や祖父母との衝突を回避するために、実際にはなかった学校での友人とのトラブルを、不登校の言い訳に数回用いています。不登校の端緒であった理科のグループ授業での仲間はずしは事実ですが、それ以降は学校でのトラブルを仮想して、Ｂ男は家庭での反乱を正当化していたと言えるでしょう。

　学校側としてはたいへん迷惑な話です。Ｂ男の母親から怒鳴り込まれたり、物が壊れたりするのですから。本事例ではＢ男の家族への反乱が終息したという報告はありません。したがって高校入学後も同様の事件が起こる可能性があります。学校側は、次の指摘を理解してください。

> 機能不全家族で育った人達は、共依存者になりやすい…（中略）…共依存者は何らかの問題を抱えている家族のなかで、適応し、生き残るために、いくつかの役割を身に付けていく。…（中略）…共依存には次のような臨床的特徴がみられるという。①不正直…（中略）…嘘などをつく。（草田寿子、前掲書「共依存」）

B男は母親や祖父母に嘘をついていますが、学級担任には真実を打ち明けています。仮に学校側から真実を伝えても、母親は「学校側こそ嘘をついている」と頑なになるでしょう。B男が嘘をついた理由を正直に説明したとしても、母親の思い込みが改善される保証はありません。

　ただし光明もあります。校長が提案し実現したB男の集団宿泊生活の体験やB男の進路実現に向けた面談などです。ここでは社会構成主義の影響を受けたナラティブセラピーの考え方が参考となります。解決が困難な機能不全家族の問題には注目せずに、B男の視点を家族外の世界へ向けて、新しい物語りを描かせるのです。言わば、「外在化による物語りの書き換え」です。学校を悪者にして家族関係を表面的に繕うこと（これも「外在化」の一つですが……）よりも、学校側やB男にとっては生産的・効果的なものとなります。（鈴木聡志・木内隆生（2022）「生徒指導への社会構成主義的アプローチの試み」『生徒指導学研究』第21号、学事出版）

Case5

クラスメートとのトラブル
からひきこもりへ
• • • • • • • • • • • • • • • • • •

〈事例〉

1　クラスメートとのトラブルから**断続的な不登校に**

　中学3年生のC子は、外向的な性格で自分の考えたことをストレートに表現する生徒でした。クラス編成替えのあった2年生進級当初、C子は新しいクラスになじめず、クラスへの不満を誰彼となく訴えていました。ある日、そんなC子の態度を自己中心的すぎると感じたクラスメートの男女数人が、強い口調でC子に反論して大きなトラブルが起こりました。C子の味方をする生徒はいなく、C子はパニック状態となりました。

　その翌日、C子は学校を欠席しました。その後は断続的に登校と欠席を繰り返すようになり、登校しても自分のクラスには行かず、相談室や保健室で過ごすことが増えていきました。家では自分の部屋にこもってSNSに熱中し始めました。さらにリストカットも始まりました。

2　放課後登校で部活動にのみ参加

　2年生の夏季休業期間中は、所属するバドミントン部の練習に休まず参加しました。C子は運動能力が高く、夏季休業期間中にあった大会は団体戦ダブルスの主要メンバーとして活躍しました。その能力を買われ、

夏季休業期間の終わりに3年生が引退すると、C子は団体戦シングルスのエースを託されました。

　学校側はC子のバドミントン部での活躍が、夏季休業期間明けの通常登校に結び付くことを期待しました。しかしC子は授業時間には登校せず、放課後の部活動にのみ参加しました。自宅で昼過ぎまで寝ていて放課後に登校して、帰宅後は朝方までSNSをするという生活でした。

3　部活動引退後はひきこもりに、そして回復に向かって

　3年生に進級しても同様の状態が続きました。気分の波が大きくなり、部活動に参加できない日もありました。6月にあったバドミントンの地区大会で負けて部活動の引退が決まると、C子は髪を染めました。それはもう学校には行かないとの意思表示でもありました。

C子は外出をしなくなり、中学校の友達との交流も断ち、自分の部屋にひきこもってSNSにのめりこんでいきました。日中は寝ていて、夜から朝までSNSをして過ごす毎日でした。時折、大声でわめいたり泣いたりしている声が聞こえてきました。部活動をやっていた時には止まっていたリストカットも再び始まりました。

　ひきこもり状態になってまもなく、C子が過量服薬をして救急搬送されるという出来事がありました。心配した母親に連れられて心療内科を受診し、うつ病の診断を受けました。服薬治療が始まり、主治医のアドバイスも受け入れて、C子は心の安定を少しずつ取り戻していきました。

　10月になり、学級担任はC子を何とか支えたいと思い、夜間登校をしないかと誘いました。C子の好きなバドミントンをしようとの誘いと、C子自身も高校進学が気になり出していたこともあり、夜間登校が実現しました。回数を重ねるうちにC子は学級担任に心を開くようになり、高校進学の相談もするようになりました。

　C子は卒業式には参加できなかったものの、校長室で卒業証書を受け取ることができました。昼夜逆転の状態は変わっていませんが、通信制高校に進学することになり、美容師になるという目標に向かって、前向きな気持ちで卒業していきました。

指導の振り返り

① 学校内の対応

⑴ アセスメントに基づくＣ子への支援

　２年生進級当初にクラスメートとのトラブルが発生した時、学級担任はすぐに学年主任に報告をしました。学年主任の指示で、学年部の教員が手分けをして関係生徒全員から個別に事情を聞き、事態のすり合わせを行いました。その結果をその日のうちに関係生徒すべての保護者に伝えました。

　生徒たちは自分の言い分をきちんと聞いてもらったと話し、保護者も学校の事実報告に納得しています。一方、Ｃ子はクラスメートとの当事者同士の話し合いには応じず、和解することはできませんでした。

　生徒指導部会では孤立したＣ子の心情に配慮し、保護者の同意を得て、教室に限定しないＣ子の居場所づくりを行いました。その居場所が相談室であり保健室でした。保健室では養護教諭がリストカットの傷のケアを行いました。

　夏季休業期間を迎えるにあたっては、Ｃ子の活躍の場であるバドミントン部の活動に気持ちが向くように励ましました。その甲斐があって、Ｃ子は夏季休業期間中の部活動に休まず参加し、大会にも出場することができました。

　学級担任は夏季休業期間中にＣ子の教育相談を行い、教室登校ができるようにＣ子の心配を聞き取ったり、座席の配慮を約束したりしました。しかし、教室に入りたくないというＣ子の気持ちを変えることはできず、

クラスメートに見られるのが嫌と言って別室登校もしなくなりました。

　それでもＣ子はバドミントンをやりたい気持ちと団体戦のエースを託されたプライドから、部活動には参加を続けました。学校は授業時間中の登校を無理にさせようとせず、部活動への参加が続くように援助するとの指導方針を取ることにしました。

　３年生６月の部活動引退後、Ｃ子はぱったりと学校に来なくなりました。学級担任の家庭訪問や電話にも応対しなくなっていきました。母親の話では、Ｃ子は昼夜逆転の状態で、家族ともあまり会話をしなくなり、表情も乏しくなってきたとのことでした。

　ひきこもっていく様子を心配した学校は、心療内科受診を勧めました。Ｃ子も母親も受診に乗り気ではありませんでしたが、過量服薬による救急搬送をきっかけにして、受診が実現することになりました。心療内科での治療がほどなく効果を上げ、やがてＣ子は元気を取り戻していきました。

　そこで学級担任は、学年部での検討を経て、夜間登校を提案することにしました。この提案がＣ子の行動変容を促し、心を開かせることにつながりました。

　Ｃ子の状態を常にアセスメントし、そのアセスメントに基づいてタイミングを逃さずに支援の手を差し伸べたことが、ひきこもりからの回復に有効に働いたようです。

⑵　スクールカウンセリングによる母親支援

　Ｃ子への支援と並行して、クラスメートとのトラブルの後、すぐにＣ子の母親をスクールカウンセラーにつなぎました。母親は、Ｃ子の父親が頼りにならないことや、将来の大学進学に向けてＣ子を進学校の高校に行かせることが自分の務めだと思っていることなどを、カウンセラーに話しました。それだけに、Ｃ子が学校を休んだり授業を受けられなかったりすることは、母親にとって大きなショックでした。

カウンセリングの場では、毎回涙ながらにそういうことを訴えました。カウンセラーは母親の話に共感し、受容的に受け止めていく傾聴を行いました。すると母親の話は、次第に自分の思いの話からＣ子の現状の話へと移っていきました。Ｃ子の現状を見つめ、Ｃ子が今何を求めているのかを話題とすることが多くなりました。

　Ｃ子の母親が受け入れがたい現状を受け入れるには、長い時間と大きな心的エネルギーが必要でした。しかし母親はカウンセラーを信頼して休まずカウンセリングに通い、それをやり遂げました。最後は母親自身の進学校への思いを封印して、通信制高校へ希望を抱いて進学できるようにＣ子を支えることに心を砕くことができました。

　Ｃ子の母親がこのように変容できたのは、この事例を学校だけで抱え込まないで、スクールカウンセリング制度を活用したことがポイントでした。カウンセラーのような話の聴き方をするのは学校の教員の役回りではありません。そのことを学校の教員もカウンセラーも理解し合い、コンサルテーションで情報共有を行うとともに、母親支援を含めた対応策の相談を積み重ねたことは、Ｃ子の回復に必要不可欠なものでした。「チームとしての学校」が機能した事例であると言えるでしょう。

❷　外部専門機関との連携

　この事例の節目で外部専門機関と連携できたことも、この事例が好転したポイントです。連携したのは次の機関です。

○地域の教育事務所（スクールソーシャルワーカー）
　２年生の夏季休業期間明け、別室登校もできなくなったＣ子への支援策を検討するケース会議に参加してもらいました。まずは部活動への参加継続を大切にするとの方針を立てることができました。

○市の教育相談センター（教育相談員）

　３年生の夏にC子が過量服薬をして救急搬送されるという出来事の後、母親が相談に行きました。母親の了解を得てセンターから学校に連絡があり、センターと連携して心療内科受診を積極的に勧めることができました。

○市内の医療機関（心療内科医）

　３年生の夏にC子自身が受診しました。受診前に学校からC子の情報提供書を送り、心療内科医からはC子の状態や学校が気を付けるべきことについて助言をしてもらいました。C子の治療経過を把握することができ、これが夜間登校の実現につながりました。

　以上のように、外部専門機関との連携は、学校のアセスメントを確かなものにし、指導方針の策定と実際の指導・援助に役立ちました。

1 学級活動の時間の役割

中学2年生になったC子は思春期です。思春期の特徴として気分変動が強くなる傾向があります。具体的にはすぐ悲しくなったり、不安になったりする、イライラして怒りや不満とうまくつきあうのがむずかしいなどです。この特徴はC子の同級生たちにも当てはまります。

なお、気分変動の原因としては、以下のような指摘があります。

> 第二次性徴期における脳の成熟には、領域によって時間差があります。感情や感覚をつかさどる大脳辺縁系は早くから発達します。感情的な反応を調整する前頭前野は、第二次性徴期の終わり頃まで発達しません。思春期の子は感情に走りやすく、感情をおさえられないことが多いのです。
> （ロバート・ウィルソン監修、名越康文監訳、林啓恵・蒔田和子訳（2019）『思春期の心とからだ図鑑』三省堂）

このような中学2年生に共通する特徴を踏まえると、学級担任が担当する学級活動の授業を適切に行うことが大事です。「学習指導要領」（平成29年告示）によれば、「学級や学校における生活をよりよくするための課題を見いだし、解決するために話し合い、合意形成を図り、実践すること」とあります。

例えば、話合い活動の議題は事前アンケートや投書箱（目安箱）などで収集されます。その後、学級担任と司会グループの生徒たちは、議題を整理して原案を作成し、話合いの手順を定めて、大多数が納得できる結論に導きます。もちろん少数意見にも配慮します。

C子が不登校となった端緒は、クラスメート数人からC子の自己中心

的な態度を改めるように強く意見されたことです。Ｃ子に限らず思春期
の中学生にとって仲間集団からの一斉攻撃は脅威です。もちろんＣ子の
強すぎる自己主張や不満の表出が原因でありました。しかしこの攻撃は
Ｃ子のプライド（自尊心）を打ち砕き、以後の約１年半、自分の教室へ
行くことを拒否してしまうほど、強い衝撃であったわけです。

　中学校の学級担任は４月、新しいクラスになじめなかったり、不満を
もっている生徒たちの様子を注意深く見取ります。そしてクラス全員の
居場所と絆づくりのために学級担任の指導の下、公正・公平に話し合う
場面を設定することが肝要です。本事例のクラスの中には、Ｃ子と同じ
ような気持ちを抱えていたクラスメートがいたかもしれません。

2　中学生のひきこもり

　Ｃ子は単なる不登校ではありません。部活動には最後まで参加して、
実際に大会等で活躍しました。一方で、教室に入ることは、一貫して拒
否しました。Ｃ子は運動能力や持久力が高く、意思もプライドも強い生
徒です。しかしＣ子の内心は決して穏やかではありません。SNS への
めり込んで、昼夜逆転した生活を送っています。無気力ではありません
が、大きな不安やストレスを抱えています。結果的に自傷行為（リスト
カット）が始まりました。

　自傷行為には以下のような指摘があります。

些細なストレスや不安によっても、自傷行為が発生する。「イライ
ラしたから手首を切ってすっきり」など、自己刺激による覚醒度の
調節、刺激の回避、仲間意識の調節など社会的意味を含んでいる場
合、不安や不適応からの SOS としてのリストカット、インターネッ
トや若者文化のなかで学習した不適応行動としての自傷まで幅広い。
（西松能子（2005）「7．学校カウンセリングと精神医学」、松原達哉・楡木満

生・澤田富雄・宮城まり子編著『心のケアのためのカウンセリング大事典』培
風館、314〜325頁）

　確かにＣ子の場合、部活動は緊急避難場所でした。しかし３年生６月
に部活動を引退すると学校とは決別し、本格的なひきこもりが進行して
いきます。Ｃ子は避難場所がなくなっても深夜徘徊したり、年上の異性
と交流するわけではありません。自室に深くひきこもり、ひたすら
SNSへのめり込んでいきました。そんな時期の過量服薬による緊急入
院です。果たして何が、ここまでＣ子を追い詰めたのでしょうか。

3　外部機関との連携

　心療内科医師の診断によると、Ｃ子はうつ病を発症していたようです。
うつ病には以下のような注意事項があります。

> うつ病において自殺は、必発の症状の一つである。…（中略）…リス
> トカット、過量服薬などSOSサインが考えられるものである場合
> は、いささかの時間的ゆとりがある。…（中略）…自殺企図があった
> 場合は面接間隔を短くするなどインテンシブなカウンセリングが要
> 請される。
> （西松能子「３．精神医学・心身医学アセスメント」前掲書、616〜625頁）

　心療内科での治療を契機にＣ子は快方に向かい、学校側は夜間登校と
いう工夫を試みます。さらに母親のカウンセリングや外部機関との連携
など、学校のチーム支援の詳細は前出のとおりです。では、最後にＣ子
の学習保障という視点から、学校側の対応を振り返ってみましょう。
　中学２年生の２学期の段階でＣ子は、放課後の部活動は継続するが、
教室には戻らないと決めました。したがって夜間登校までの約１年間、

学習活動の機会がありませんでした。しかし義務教育における学習保障という観点からは、学校の教室以外での学習継続を試みる必要がありました。例えば、学校外の教育支援センター（校外適応指導教室）です。

　学校側や学級担任は自校の教室復帰を求める傾向にあります。一方、最近の校外適応指導教室は教室復帰より、「居場所の提供」（子どもの主体的学習を含めて）を志向します。C子が校外適応指導教室の活用と、放課後の部活動とを両立できていれば、本事例の経過とは、また違った展開があったかもしれません。

（中田香奈子（2020）「不登校中学生に対する個別および集団への関わり―教育支援センター（適応指導教室）スタッフの意識と実践から見えてくるもの―」『神奈川大学心理・教育研究論集』第48号、43〜57頁）

Chapter 3

不登校・中途退学（高校生）

Case6

いじめから起こった不登校

・・・・・・・・・・・・・・・・・・・・

〈事例〉

1 「つきまとい」から「いやがらせ」へ

　Ａ男はプラモデルづくりが好きで、工業高校へ入学することができました。おとなしい性格のＡ男でしたが、入学して間もなく似たような性格のＢ男と仲がよくなり、無線部という同じ部に入部することになりました。６月には文化祭が開催されて、彼らは来校者の方々に無線機のしくみを説明したり、交信の様子を伝えたりしました。１学期のＡ男は皆勤でした。

　２学期に入り、Ｂ男と同じ中学校のＣ男が、二人の間にちょこちょこと割って入るようになりました。Ｃ男は隣のクラスに所属しており、Ｂ男とは幼馴染でした。休み時間に隣のクラスから遊びにきたり、部活動は生物部でしたが、無線部の部室にも現れたりしました。どこか厚かましいＣ男の態度にＡ男は好感を抱けず、声をかけられる度に愛想笑いをしていました。

　そのうちに、Ｃ男はＡ男につきまとうようになり、やたらとちょっかいを出すようになります。近くに来てじっと顔を見ていたり、スマホ（携帯電話）で写真を撮ったりしました。Ａ男は嫌そうに手を払い、顔をのぞかれたりすると顔をそむけました。この反応ぶりにＣ男は面白さを感じたようで、Ｂ男がいない時を見計らって、Ｃ男はＡ男にからむようになりました。

　嫌がるＡ男は母親に学校での様子を伝えたようです。母親はホーム

ルーム担任にＣ男の件を電話で連絡しました。ホームルーム担任は翌日、登校したＡ男から確認をとり、Ｃ男のクラスのホームルーム担任に伝えました。隣のクラスのホームルーム担任はＣ男を呼び出し、Ａ男につきまとうことはやめるように言いました。しかしＣ男は、「別にＡ男は嫌がっていませんよ」と言い、「自分は何も悪いことはしていない」と言い張りました。

　やがてＡ男は、トイレに行っても尿がなかなか出にくい状態になりました。病院で診てもらったところ、医者からはストレス性のものではないかという診断でした。母親は改めてホームルーム担任にこの状況を相談し、ホームルーム担任は学年主任と隣のクラスのホームルーム担任に伝えました。隣のクラスのホームルーム担任はＣ男に、Ａ男から離れるように改めて伝えました。

　Ｃ男は、「別に悪いことはしていない」とふくれっ面で言ったので、隣のクラスのホームルーム担任は、「相手が嫌な思いをしているのはいじめ行為なんだ」とＣ男に言い聞かせました。しかしＣ男は、全く腑に落ちない様子でした。

2　登校しぶりから不登校へ

　2学期の11月から、次第にＡ男は学校に来なくなりました。心配したＢ男がＡ男の家に立ち寄ったりしてくれました。その翌日は登校しますが、Ａ男は登校しぶりとなっていきました。ホームルーム担任は登校時には声を掛けたりしましたが、Ａ男は無表情で返事もありません。逆にＣ男には、Ａ男に近づくなと厳命をしました。Ａ男は一人っ子ですが、Ｃ男は4人兄弟の末っ子です。常に誰かに甘えたり、かまってほしいという気持ちを持っているようでした。

　ホームルーム担任がＡ男の家庭訪問をすると、母親からは病院に通院しても、Ａ男の排尿が困難な症状には変化なく、家庭ではゲームばかりして自宅から外に出ないことを嘆いていました。

　3学期に入ると始業式の日は登校してきましたが、その後Ａ男は完全に不登校状態となりました。家庭では食事は摂れているものの、昼夜逆転しつつあり、自室に閉じこもる日々でした。ホームルーム担任が家庭訪問しても、自室からは出てこない状態でした。母親からは自室でスマホゲームに逃げているようだという報告でした。

　Ａ男はホームルーム担任の働きかけで、プリント学習とその提出を2月中旬からはじめていました。この提出物を授業補充として認められてなんとか2年に進級することができました。

　春季休業中に1年部では、新2年生のクラス編成を行います。Ａ男とＢ男は同じクラスにし、Ｃ男はクラスを離すように配慮しました。また、ホームルーム担任は引き続きＡ男を受け持つことになりました。

　高校2年生に進級して4月の始業式が行われました。この日にＡ男は登校せず、以後不登校のままとなりました。6月には1年間の履修すべき授業時間数の規定を超えることが難しくなりました。結果としてＡ男は、通信制の高校へ転学することとなりました。

指導の振り返り

① 指導の経緯

(1) いじめの認定

　A男は元来無口のため、１年生の頃からほとんどホームルーム担任と話すことはありませんでした。それでも１年の１学期は、明るく笑っている様子を、クラス周辺で見かけることができました。特にB男とは馬が合っているようで、放課後もよく二人でいる姿を目にしました。

　２学期に入り９月末に、A男の母親からホームルーム担任に電話連絡がありました。すぐにホームルーム担任は学年主任と養護教諭に報告し、A男から事情を聴くことにしました。しかしA男はしっかりと事情を説明できずに、隣のクラスのホームルーム担任から、C男への口頭注意に止まりました。この時点で学校側は、いじめと認定することはできませんでした。さらにA男の尿が出にくくなったことについての相談の後も、C男への口頭注意だけでした。

　この段階までは、特に暴言や暴力があったわけではなく、つきまといの程度をどのように判断するか迷っていました。10月の段階ではA男の身体的な不調状況を考慮して、いじめと判断すべきだったと、その後になって、学校側の指導が不十分であったという認識になりました。

(2) 指導の実際

　10月に隣のクラスのホームルーム担任からC男への口頭注意をした時点で、A男は既に登校する気力を失いつつありました。特にトイレで尿

が出にくくなった症状になってから、それは決定的となったようです。

　ホームルーム担任からは3日連続して休んだ時は家庭訪問をさせてほしいと、A男の保護者に懇請しました。しかしA男は、会いたくないとの一点張りで、担任との接触を避けていました。そこでB男にプリント等を持っていってもらうよう託しました。B男からは、「A男は会って嬉しそうな顔をしていました」との報告がありました。ただし登校しようという意思は、あまり感じられないということでした。

　A男が登校していないため、C男は普通に学校で過ごしており、C男への指導は、あえて行うことはありませんでした。ただし、A男が登校してきた時は「いっさい近づかないように」ということをC男に言い渡し、当面は様子を見るということが教員側の共通理解でした。

❷　指導上の留意点
⑴　本事例を振り返る

　いじめをどこで認定するかということが、振り返ってみて問われてくると考えられます。高校1年の1学期まで楽しそうに過ごしていたのが、9月になって一変し、9月終わりにはA男の母親の相談で、この状況を把握したわけです。この1ヶ月の間にもう少し動静把握できなかったかという学校側の反省点があります。

　A男のホームルーム担任とC男のホームルーム担任との情報交換に関する詳細が、学年会議に出てこなかったこともあり、移動教室での様子や教科の授業中の状況も、あまり話題に取り上げられませんでした。

　10月に母親からA男がトイレでの尿が出にくくなり病院へ行った時こそ、一連のつきまといやいやがらせなどをいじめと判断し、強くC男に申し渡した上で、A男には安全で安心な学校生活を確保することを約束する時だったと考えられます。11月から徐々に不登校になっていることから、10～11月が指導の重要な時期だったといえます。

　単なる子どものじゃれあいのように見えても、嫌な思いをしている人

間から見れば、一方的ないじめであるということを、生徒も教員も認識しなくてはいけない事例でした。

⑵　不登校からの回復をめざして

　いじめに端を発して不登校になる事例は大変多く、不登校になるや大概、自宅にひきこもります。近年はファミコンを用いたテレビゲームからパソコンやスマホでのゲームに移行して、バーチャルな社会での付き合いに没入するなど、不登校からひきこもりへの連鎖が容易となっています。

　高卒資格を得るためには高校卒業認定試験を受けることができます。また、通信制高校で必要な単位を取得して高卒資格をとるケースもあります。このような制度が不登校生徒の受け皿となっています。実社会で生き抜く力をつけるため、より手厚い教育をどのような機関で行うべきなのかが問われています。いじめで傷ついたＡ男の心が癒されているとは未だに言えません。

課題解決に導く基礎知識

1 いじめの定義

　平成25年6月に公布された「いじめ防止対策推進法」（第2条）では、いじめを以下のように定義しています。

　「「いじめ」とは、児童等に対して、当該児童等が在籍する学校に在籍している等当該児童等と一定の人間関係にある他の児童等が行う心理的又は物理的な影響を与える行為（インターネットを通じて行われるものを含む。）であって、当該行為の対象となった児童等が心身の苦痛を感じているものをいう」（波線は筆者）

　また、同年10月に決定・通知された「いじめの防止等のための基本的な方針」では、具体的ないじめの態様の中に、以下のものを例示しています。

　　・冷やかしやからかい、…（後略）…
　　・嫌なことや…（中略）…をされたり、させられたりする。

　まず、いじめの定義の児童等には、高校生が含まれますし、波線の下線部分の通りA男は苦痛を感じています。本事例のC男が、A男にした一連の行為は、上記通知の具体的ないじめの態様に含まれるため、明確にいじめに該当することとなります。

　なお、本事例は平成25年以前の事例です。現在ではC男の行為を速やかにいじめと判定して、C男に対してより厳しい説諭やC男の保護者へ監督義務をお願いするなどの指導法が必要です。ただし、加害者側を処罰しても、A男が不登校に至らなかったという保証はありません。

　このようなケースで、いじめ問題を解決の方向に導くというアプローチの方法と理論的な裏付けがありますので、次項で詳しく紹介します。

2 社会構成主義からのアプローチ

社会構成主義とは、「現実とはわれわれの社会的活動から独立に客観的に存在するものではなく、社会的相互作用によって構成・構築されたものであるとする考え」(新村出編（2017）『広辞苑』第7版、岩波書店）で、本質主義や実在論と対立する哲学的な思想と捉えられています。

それゆえ、全てのいじめは、被害者と加害者及び関係者や周辺の者の間で発生する社会的相互作用として捉えられることになります。

最新のナラティブアプローチでは、社会構成主義の考え方を取り込んで、解決不可能な問題をあえて「外在化」するとともに、当事者たちに新しい物語の主人公となって、現状の物語を書き換えさせることを提案します。

本事例の場合は、以下のようになります。キーパーソンはB男です。まず、B男にはC男とA男に対して別々に事情を聞き取ることを頼み、本事例の当初の全体事情を把握してもらいます。

次に、B男とC男には、A男を加えた3名が出会った頃の、白紙の状態に戻る方法を考えてもらいます。特にC男にはB男と協力して、A男との友人関係を再構築するという課題を与えます。

このような提案を2名のホームルーム担任がA男の最初の困り事相談の9月末段階で実施できていたら、本事例の結果は違った方向に進行していたかもしれません。

一般に高等学校では、いじめが発覚した場合、被害者と加害者の交流を断つように導きます。しかし本事例の通り、当事者間だけでは、解決しないことがほとんどです。最新のナラティブアプローチの提案では、仮にA男の不登校が始まっても、この事件を巡って主要な関係者3名が問題解決するように努力したという事実は残ります。

生徒指導への社会構成主義的なアプローチの試行に関しては、以下の最新研究などが参考となります。

鈴木聡志・木内隆生（2022）「生徒指導への社会構成主義的アプローチの試み」『生徒指導学研究』第21号、学事出版、36〜45頁。

3 新しいタイプの高校

　本事例では、Ａ男は不登校からひきこもりの状態となり、結果として２年生の途中で通信制高校へ転学することとなりました。Ａ男は真面目でおとなしく、自己表現が苦手なタイプです。さらにストレスによる排尿困難という事態まで落ち込みました。

　本事例は10年以上前の不登校事例ですが、現在はＡ男を受け入れる高校がかなり整備されています。

　技術教育や資格取得を目指す専門高校ではなく、生徒一人ひとりの個性や性格、家庭の事情などに合わせて教育活動を行う高校です。例えば、東京都は昼夜間定時制高校（通称、チャレンジスクール）を７校設置しています。午前部、午後部、夜間部から都合のよい学習時間帯を選択できます。６校は単位制の総合学科で、多様な選択科目を多数開講しています。共通点としてスクールカウンセラーとユースソーシャルワーカー、さらに校医（精神科）などの専門家が複数名配置されており、高校生の学校生活を徹底的にサポートしてくれます。

持病が原因で不登校へ

・・・・・・・・・・・・・・・・・・

〈事例〉

1 1学期末に突然の欠席

　A子はホームルーム内での友人も多く、おとなしく真面目な女子生徒です。学業成績もホームルームでは比較的に上位を維持していました。ところがA子は高校2年生の7月上旬、1学期末試験最終日の翌日から、学校へは登校しなくなりました。

　A子が登校していた最後の日の様子を振り返ってみると、確かに口数が普段より少なく、やや暗い様子でした。特に気になった点としてA子がマスクをして、顔の表情を隠しているように見えました。

　3日間欠席した翌日、他の生徒がいない放課後の遅い時間に学年主任を交えてA子と母親とホームルーム担任の四者面談を行い、最近の様子について話を聴くことにしました。

　A子の保護者である母親から、A子が学校に通いたくない理由が説明されました。病気が進行して容貌（顔面）が変化し、学校の友人など周囲の目をかなり気にしているとのことでした。四者面談を行った時期が夏季休業期間の直前であったため、そのような状況であれば、無理して登校をせずに、夏季休業期間中に通院して治療に専念するようにA子と保護者である母親に話をしました。

2　2学期当初の対応

　９月となり夏季休業期間が終了しましたが、２学期の始業日にＡ子は登校しませんでした。その後も登校する様子がないため、家庭での様子を電話で保護者に確認しました。夏季休業期間中に通院して様々な治療を試みましたが、回復が見られないどころか容貌（顔面）がさらに変化していることがわかりました。そこで、保護者からＡ子に医療用マスクとメーキャップをして登校させたいという相談を受けて、その提案を受け入れました。

　その翌日からＡ子は、マスクとメーキャップをして登校しましたが、やはり周りを気にしているようでした。一日中、落ち着かない様子で周りの友人との会話もありませんでした。

　このような状況を見て、このスタイルで学校生活に慣れるためには、かなり時間を要すると思われました。しばらく忍耐することで、Ａ子がこの状況を乗り越えてくれることを期待しました。

3 保護者との連絡が絶たれる

　A子が登校したその翌日、再び学校に来ることはできませんでした。すぐに家庭へ電話をしました。それまでは連絡が取れていた保護者でしたが、今回は何度連絡をしても音信不通となりました。

　A子のこのような状況が保護者にも深刻な影響を与えている可能性があると考え、手紙を何度か送りました。しかし返信してもらうことはなく、1ヶ月近くの時間が過ぎました。

　10月には欠席日数や授業の出席時間数の不足が心配になり、学年主任と管理職に相談した結果、放課後に家庭訪問をすることとなりました。A子の自宅に到着してインターフォンを鳴らしましたが、誰も出てきません。家の中にライトは点いており、在宅していることは間違いなく、何度かインターフォンを押すなど玄関前で1時間ほど待ちました。

　再びインターフォンを押そうとしたとき、仕事から帰宅した様子の中年男性から、「どのようなご用件ですか？」と尋ねられました。A子のホームルーム担任であることと、インターフォンを鳴らしても誰も出てこないことを告げると、その中年男性は、「呼んできますので、暫くお待ちください」と言って家の中に入っていきました。

4　母親の苦悩

　しばらくして玄関のドアが開き、ようやくＡ子の母親が現れました。母親は第一声で、「家の奥にいて音に気が付かなかった」と弁解しましたが、Ａ子の将来のことについて前向きな話をしたい旨を伝えました。

　すでに午後８時に近い時間でしたが、それから１時間程話すことができました。母親の話では、「どうして自分の子ばかりが、このような目に遭うことになってしまったのか？」という気持ちが強かったこと、「母親としてＡ子を、そのような体質に産んでしまった」という、心の内にある後悔や懺悔に近い気持ちについて話をしてくれました。

　Ａ子本人は、まだ、ホームルーム担任の私と会うことができない様子で、母親から聞いたＡ子の話として、「私を知らない人たちの世界へ行きたい」と述べていることが分かりました。ただ、外出すらできなかったＡ子が夜の時間であれば、昼よりは多少暗いこと、容貌（顔面）が目立たないので、マスクだけで外出できるようになったと知りました。

指導の振り返り

① 学校の初期対応

　Ａ子の欠席が続き、早い段階で状況を危惧したホームルーム担任は、一人だけの対応では、保護者が不信感を感じた場合に対応が困難になると考え、速やかに学年主任に連絡・相談しました。その結果、学年主任を交えた四者面談を行うこととしました。

　また、他の生徒がいない夕方遅い時間に面談を設定したことで、今後は周りの目が気になる状況で、無理に登校をしなくてよいことを伝えることができました。この問題に学年全体で対応するという学校側の意思を保護者に示したことで、四者面談の後、やや安心してＡ子と保護者は帰宅することができたようです。

② 夏季休業中の対応

　ホームルーム担任は保護者と、週に一度は連絡を取り合うようにしました。そこで知ることができる情報は限られましたが、Ａ子は外出をほとんどしないものの、家の中では落ち着いて日々元気に過ごせていることが確認できました。

　夏のマスクについて、学校で揶揄する友人がいなかったのか気になり尋ねると、それはないということでした。

　むしろ、欠席が続いた状況を心配する生徒たちがSNSなどを介して学校の連絡や課題、授業の進捗状況を伝えてくれていたようで、Ａ子の周りの生徒たちの対応に感心しました。

これらの状況は学年主任や管理職に報告することで、情報の共有をはかりました。

③　2学期からの不登校対応

　A子の精神的な成長に期待していたホームルーム担任は、2学期に入り、マスクとメーキャップをして登校してきたA子の姿に安堵しつつ、翌日も来てくれるものと期待しました。その当日は、クラスの友人たちとのコミュニケーションの時間を大事にさせるため、敢えて個別の声かけはしませんでした。

　しかし、A子は友人たちの視線や会話に耐えらなかったのか、帰りのホームルームが終わるとすぐに教室を出ていきました。危惧していた欠席は、その翌日から始まりました。

　電話を自宅に何度かけてもA子だけでなく保護者も出ない日々が続き、ホームルーム担任は手紙を送ることとしました。手紙の内容は、欠席が続くA子の状況を心配していること、学校の近況などを記述しました。

　手紙を複数回送付しましたが、いずれも返事はありませんでした。心配する状況が1ヶ月以上続いたとき、ホームルーム担任は学年主任と管理職に相談して、家庭訪問をすることとなりました。

④　家庭訪問以降の不登校対応

　家庭訪問での保護者との会話を受けて、A子が今の高校を続ける精神状態でないことがわかりました。夜間には外出ができることを受けて、定時制高校に転学してでも高校卒業の資格を取るよう保護者に提案したところ、A子自身も前向きに新しい高校を探し始めました。

　A子の新しい高校に通学して何とか高校卒業の資格を取得したいという気持ちが高まり、2学期の修了時に他の高校への転入試験を受けて、合格することができました。

　新しい高校への転学手続きのために訪れたA子の保護者には、学校の

窓口に呼ばれてお礼を言われました。

　ホームルーム担任は、「A子さんには必ずその学校を卒業するように伝えてください。元ホームルーム担任からのお願いです」と伝えました。

　保護者は「必ず伝えます」と約束して深々と頭を下げてくれました。

　PTA 役員であったA子の保護者と本校の管理職は、PTA の会議で接する機会があり、管理職がホームルーム担任の動きを助けて、助言してくれたことが後にわかりました。生徒の状況を速やかに学年主任や管理職と共有していたことが、A子の新たな道への挑戦へと繋がったように思います。

課題解決に導く基礎知識

1 思春期〜青年期の心とからだ

　思春期の女子は自分のボディイメージを否定的に見がちです。それは自分の「アイデンティティの感覚が外見によってより左右されるようになる」という理由からです。一方、青年期の発達特性は、セルフ・アイデンティティ（自我同一性）の確立と言われています。しかし現代社会ではモラトリアムの期間が長くなり、セルフ・アイデンティティの確立は先延ばしとなる傾向にあります。

　高校2年生の女子生徒はすでに発育スパートの時期を終えていますが、精神的な発達が追いつくにはまだ時間が必要です。この期間に自分の身体に関すること、例えば体型、体臭・口臭、体毛・頭髪、ニキビ、あるいは病気進行を原因とするあざ、コブ、変色などが目立つことは自己評価を著しく低下させます。また、これをきっかけとして中途退学に至る場合があります。

　令和3年度では、学校生活・学業生活不適応の30.5%に加えて、病気・けが・死亡4.9%など、合計では3分の1強の高校生が、自分の心身の問題により高校での修学継続を断念しています。

　本事例の高校2年生A子は、病気進行のために容貌（顔面）が変化しました。通院しても回復せず、医療用マスクとメーキャップをして登校を試みましたが、すぐに断念してしまいます。その心情は、「私を知らない人たちの世界へ行きたい」というつぶやきに表れています。

　自分の子どもが病気の進行によって本事例のような事態になった場合、母親は特に、「自分の子どもだけが、こんな目に遭う」あるいは、「そんな体質に私が産んでしまった」など恨みや自責の念に苛まれます。このような親子の感情に寄り添ってA子の不登校問題を考えることがホームルーム担任に求められます。

引用・参考文献は以下の通りです。

ロバート・ウィルソン監修、名越康文日本語版監修、林啓恵・蒔田和子訳（2019）『思春期の心とからだ図鑑』三省堂

2　ホームルーム担任の限界

　A子の欠席が続いたためホームルーム担任は速やかに、学年主任とともにA子と母親と四者面談を実施しました。事情を把握したため1学期の残りの授業を欠席して治療に専念することを認めました。親子の感情に寄り添った判断でした。

　2学期になってもA子は登校できませんでした。ホームルーム担任の電話連絡に対して親子からの応対はありませんでした。そこで手紙による連絡方法を併用しました。しかし依然として電話連絡にも複数の手紙による通信にも応答はありませんでした。結果的に1ヶ月後、アポイントメントなしの家庭訪問となったわけですが、すでに親子は諦念の感情に陥っていたようです。

　家庭訪問した当初、母親は会うのを拒否していました。父親の帰宅でようやく母親と話すことが実現しました。しかし、ホームルーム担任はA子と会うことはできませんでした。A子自身は他校への転校を決心していた様子です。したがってその後は、ホームルーム担任と母親との間で転校手続きの話合いが進行していきます。

　本事例の場合、ホームルーム担任一人の指導では、A子の不登校問題をサポートすることに限界があることを示しています。高校生が様々な理由で不登校に至る場合、学校側はチーム支援などの組織的なサポート体制を構築する必要があります。次項ではA子のようなケースではどのようなチーム支援が可能なのか検討していきます。

3 学校の組織的なサポート体制

(1) 養護教諭やスクールカウンセラーの役割

　Ａ子と母親に応対したのはホームルーム担任と当該学年主任でした。高等学校の場合、担当学年としては、欠席日数の増加による原級留置の可能性について、Ａ子と保護者によく説明しなければならないという責任感があります。これを強調しすぎると登校か、原級留置かという二者択一を迫ることとなり、Ａ子と保護者を追い詰めることにもなります。

　したがって本事例の場合、Ａ子と母親の感情にしっかりと寄り添うには、学年以外の教職員を担当させるのが望ましいのです。その候補者は養護教諭とスクールカウンセラーでした。いずれも子どもの心と体の専門家であり、Ａ子と母親の辛さを丁寧に聴き取った上で適切な助言をしてくれたと考えられます。

　残念ながら本事例では、養護教諭とスクールカウンセラーをうまく活用することはできませんでした。Ａ子と母親が来校しないのであれば、保健室や相談室でのカウンセリングは難しいという判断だったようです。今後はスクールカウンセラーの配置日数を大幅に増加させるか、常勤として専任化するなどの改善が必要です。さらに校医（内科医・精神科医）やソーシャルワーカーなどをスタッフに加えた、チーム支援による生徒指導の体制づくりが課題となります。

(2) 外部機関との連携

　もう一つの組織的な生徒指導は外部機関との連携です。不登校生徒の対応に焦点化した場合、まず、都道府県教育委員会が主管する教育相談センターがあります。

　例えば、東京都教育相談センターは、原則、都民等を対象に、以下のように学校教育に関するあらゆる悩み事・困り事の相談を受け付けています。

幼児から高校生相当年齢までの方のいじめ、友人関係、学校生活、不登校、子育ての悩みや不安、家族関係、発達障害、自傷行為、家庭内暴力、体罰、ヤングケアラーに起因する問題などの相談、都立高校への進学・転学・編入学、高校中途退学後のことについての相談を…（中略）…その保護者・親族及び教職員から受け付けています。

（東京都教育相談センター・ホームページ）

　Ａ子と母親のケースについても、教育相談センターは話を聴いてくれますし、必要とあれば関係他機関へのコンサルテーション（紹介を含む）まで対応することができました。

　次に、市町村教育委員会などの公的機関が主管する教育支援センター（校外適応指導教室）があります。本事例のＡ子のケースでは半年間、学校の授業から離れる状態でした。児童生徒の学習保障という点から校外適応指導教室では居場所の提供とともに、主体的学習の場を重視しています。対象は小中学生中心ですが、希望すれば高校生も可能です。

（中田香奈子（2020）「不登校中学生に対する個別および集団への関わり－教育支援センター（適応指導教室）スタッフの意識と実践から見えてくるもの－」『神奈川大学心理・教育研究論集』第48号、43～57頁）

繰り返される不登校

・・・・・・・・・・・・・・・・・・・・

〈事例〉

1 2年生4月から始まった欠席

　高等学校のクラスの中には、小学生や中学生の頃にすでに不登校を経験した生徒が少なからずいます。そのためにホームルーム担任は日頃から生徒の様子を注視し、適切な声掛けを大事にしていました。

　男子生徒のD男のクラスでは、1年生のときに3名、自ら進路変更を希望した生徒がいました。コロナ禍の影響で長くオンライン学習が続き、うまく人間関係を構築する時間が不足してしまったのが原因と考えられます。それ以外の生徒は、無事に2年生に進級することができました。なお、本校ではクラス替えはありません。

　D男は部活動等の放課後の活動には関わっていません。少しもの静かな生徒でしたが、クラス内には3〜4人の仲の良い友人がいて、放課後に親しく話をしている姿をよく見かけました。

　春季休業期間が終了して新2年生の始業式には、進級した生徒全員が出席していましたが、その翌日にD男は無断欠席をしました。保護者の母親に電話連絡をしたところ、その日は体調不良による欠席ということでした。それが3日続いた後、4日目にD男が「学校へは行きたくない」という理由で欠席していることが、再度の電話連絡でわかりました。

　その連絡を受けてホームルーム担任は、学年主任と管理職に相談の上、その日の夕方にD男の家庭訪問を行いました。夕方7時頃にD男の自宅に着き、玄関先で保護者とD男との三者面談が始まりました。

D男に欠席の理由を聞いても何も答えない状態が続き、ついには他の高校に転学したいと言い始めました。3月末の終業式の折、ホームルーム担任はクラスの生徒全員に向けて、他校への転学の時期については締め切りがあることを、十分に説明しておいたつもりでしたが、それにも関わらず、締め切り時期を過ぎた直後に転学の話を始めたので、保護者もホームルーム担任もさすがに呆れてしまいました。

　しかしD男はかなり頑固で、他人の話を全く聞く気持ちがない状態でした。その状況は3時間近くに及びました。さすがに夜も遅くなったので、D男には翌日に学校へ来るように伝えて家庭訪問を終了しました。

　これらの状況について週1日勤務するスクールカウンセラーに説明して、D男や保護者が相談室に来たら話を聞いてほしい旨を伝えました。そのことを保護者の母親に伝えたところ、「カウンセラーに相談しても解決するはずがない」と一蹴されました。それでもホームルーム担任はスクールカウンセラーに、D男本人が来室してきたら面倒を見てもらうようにお願いをしました。

　学年主任にはこれらの状況について報告を行い、学年主任からさらに管理職へ詳しい状況を伝えてもらいました。

2　再び始まった欠席

　家庭訪問の翌日から暫くは問題なく、Ｄ男は学校へ登校していたのですが、ある日、突然、学校に登校しなくなりました。保護者との電話のやりとりでは、Ｄ男は中学生の頃より定期的に不登校の状態になるとのことでした。保護者に「どのようにして再び登校するようになったのか」と尋ねると、以前よりＤ男は昼夜が逆転している様子で、そのたびにゲーム機とスマートフォンとを取り上げたら学校へ登校するようになったとのことです。

　欠席してから３日間、Ｄ男は学校へは登校しませんでした。すると突然、保護者が「いじめだ」と怒鳴りこんできました。いじめが起こるような雰囲気のクラスではないので、それがホームルーム担任にはとても信じられませんでした。むしろ欠席しているＤ男のためにクラスの他の生徒たちが、プリントを整理してＤ男の机の中に入れてくれていました。また、Ｄ男が美化委員であったため、クラスの他の生徒が清掃時に学校全体のゴミステーションでゴミの分別活動をしてくれました。さらに、放課後には各トイレにトイレットペーパーを補充する作業を行ってくれていました。

　そこで保護者に具体的な内容を尋ねると、「いじめ」というほどの内容ではありませんでした。例えば、Ｄ男の教室の机上に菓子の空箱が置いてあったとか、あるいはＤ男が久しぶりに学校へ行ったときに、「今日は来たの？」とクラスの友人に言われたことなどでした。

　その友人は日頃よりＤ男と仲が良く、毎日のようにＤ男本人のことを心配して、ホームルーム担任に「Ｄ男は、今日は来ませんか？」と尋ねてくるほどでした。したがってＤ男が、その友人をいじめた相手と名指ししたことは、とても信じられないことでした。

指導の振り返り

① 再登校し始めたD男

　保護者の訴えを受けて、緊急の学年会議を開き「すぐに対応すべき」という結論がでました。学年主任からは管理職に状況を報告してもらいました。管理職のアドバイスにより、学年主任とホームルーム担任が、保護者から詳しい事情を聴き取る場を設けました。保護者は怒りが収まらない状況で、冷静に話し合うことはできませんでした。そのため今後、登校したD男のクラスでの様子を丁寧に見守ることで終了しました。

　一方で「いじめ」に関するアンケートをホームルーム活動の時間で実施しました。特に留意した項目は、「どんな些細なことでも、人を困らせたり、そのような話を聞いたりしたら教えてください」という点でした。出席している生徒全員にアンケート調査をしたところ、全くそのような事実はありませんでした。

　困ったホームルーム担任は、学年主任にアンケート結果を報告するとともに、数日後にD男が登校したので、学年主任に直接、D男の口から事情を聴き出してもらうことにしました。

　学年主任がD男に、「いじめということであれば、学校としては本気で対応する。君が名指しした生徒と保護者を学校に呼び出してよいか？」と尋ねたところ、D男は「それはやめてください」と慌てて断りました。そこでまた、再び来校してもらったD男の保護者に、このようなD男との応答を伝えました。すると保護者はもう二度と「いじめ」という言葉を使いませんでした。

それから暫くするとD男は再登校を開始しました。2学期はほぼ欠席することなく、学校の授業を受けていました。

❷　3度目の不登校

　しかし、冬季休業期間が終了し3学期になると、D男は再び不登校気味になりました。しばらくするとある科目の欠席時間数が、その単位を取得するための基準を超えそうになりました。するとD男は、その科目の授業がある曜日だけを登校するという状態を繰り返しました。

　その最中に、D男とネットゲームでつながりのあるクラスの友人が、「彼は夜中、よくネットゲームにインしていますよ」とホームルーム担任に教えてくれました。再びD男は昼夜が逆転している様子です。確かに登校してもD男はいつでも眠たそうな様子でした。このようなD男の状況は全く改善されませんでしたが、何とかその科目の単位を取得して辛うじて3年生に進級しました。

❸　進路変更して定時制高校に転学

　やっと3年生になったD男でしたが、すぐに不登校傾向となりました。今回は1学期のうちに欠席時間数が増加して単位の取得が難しくなり、結果として卒業条件を満たさなくなるという、その間際の科目が複数ありました。このようなことからホームルーム担任は、D男に1学期末での進路変更を勧めることを決断しました。

　ホームルーム担任は再びD男と保護者と話し合い、転学試験に合格するためにも、授業をこれ以上欠席しないように伝えました。その結果、D男の欠席は圧倒的に減っていきました。そして1学期末になり、D男は無事に他の定時制学校へ転学していきました。

課題解決に導く基礎知識

1 いじめの判定

　不登校傾向のある生徒の保護者からいじめの訴えがあれば、訴えを受けたホームルーム担任は「学校いじめ対策組織」などへ報告して、学校側は事実確認や事案への対処をしなければなりません。本事例においては、速やかに当該クラス全員を対象としたアンケートを実施して、クラス内でのいじめの存在が認められなかったという結果を導き出したことは大事な対処の一つでした。ただし、保護者側はアンケート結果を簡単には鵜呑みにできません。保護者への丁寧な対応とD男へのサポートとを続けていきたいところです。

　本事例では学年主任からD男へのいじめの件の再確認があり、そこでD男は加害者と名指しした生徒との直接的な応対を避けました。このときのD男の心情を深く察することはできませんが、D男自身は、「自分がいじめられた」とまで主張し続ける根拠がやや脆弱だと思い直したとみるべきでしょう。

　したがって保護者は「D男がいじめられた」という表現を取り下げて、D男が再び登校できるように学校側がサポートしてほしいという気持ちに落ち着いたと判断できます。本事例におけるいじめの判定は、D男の思い違いに近いもので、もちろん、「いじめの重大事態の調査に関するガイドライン」に示された重大事態に相当しないと考えられます。

2 ゲーム障害

　本事例においてD男が不登校を繰り返す背景には、インターネット・ゲームへの強い依存性の問題があるようです。久里浜医療センターの樋口進らが2019年に10〜29歳の若者9,000名を対象に訪問調査を行った結

果（回答数5,096名、回収率56.6%）、10〜20歳代の男性について、以下のようなゲーム依存の状況が判明しています。

・男性の92.6%がこの1年間でインターネット・ゲームを使用した。

・上記男性の73.8%がオンライン・タイプのゲーム使用経験がある。

・平日でも男性は3割が2時間、2割が3時間、1割強が4時間、1割弱が4時間以上ゲームをしている。

・学校や職場への遅刻（30日以上）が2.7%、欠席や欠勤（30日以上）が1.3%、家でのひきこもり（6ヶ月以上）が2.3%で、320名以上が問題点の存在について回答している。

・朝起きられなかった（30日以上）が10.1%、昼夜逆転した（30日以上）など、1,000名以上が日常生活の支障について回答している。

　なお、インターネット・ゲーム障害の診断項目の一つに「ネット使用について、家族、治療者、または他の人をだましてきた（嘘）」があり、このような質問項目9項目中、5項目以上にあてはまるとゲーム障害と診断されます。詳細は以下の文献を参照してください。

樋口進（2020）「厚生労働省ゲーム依存症対策関係者連絡会議（資料2）「ゲーム障害について」」久里浜医療センター・依存症対策全国センター

　D男も当然インターネット・ゲームに熱中している可能性があり、その度に保護者はゲーム機を取り上げていたようです。確かにゲーム依存は家庭での保護者の監視下における問題行動です。しかし、生徒の健全育成や不登校が繰り返されるという観点からは、保護者の困り感に対して相談できる窓口を提供することが現在の学校には求められます。

　多くの若者がインターネット・ゲームに熱中する背景にeスポーツの普及・流行が考えられます。しかし研究論文の中にはeスポーツに関心が高いことと、ゲーム障害との関連性は低いという指摘もあります。特にコロナ禍においては、様々な社会不安からインターネットに依存し、結果としてインターネット・ゲームに逃避するという傾向も見逃すことはできません。

知的障害特別支援学校高等部での不登校

・・・・・・・・・・・・・・・・・・・

〈事例〉

　Ａ男は小学校３年生までは通常の学級に在籍していましたが、医療機関でADHDと軽度知的障害との診断を受け療育手帳を取得し４年生から特別支援学級のある小学校へ転学しました。中学校は特別支援学級へ進学しましたが、登校しぶりを繰り返していました。

　中学校卒業後の進路先として、地元の高等学校への進学を希望していましたが、Ａ男は学業への不安を強く抱くようになりましたので、その後、保護者と共にフリースクールや、知的障害特別支援学校高等部の授業見学、学校説明会、体験入学に訪れました。学校説明会で将来の職業自立をめざした進路情報の提供を受け、検討した結果、最終的に知的障害特別支援学校高等部への進学を決めました。しかしながら、高等部へ進学した１年生の当初から、遅刻や早退、欠席を繰り返し登校しぶりや不登校の状態が続くようになりました。

　その間、担任等による不登校対策が続けられました。Ａ男の登校しぶりや不登校の状態を改善するために、担任は保護者と定期的に連絡をとり家庭訪問を行い不登校の状況を把握しました。また、Ａ男や保護者とのカウンセリングを重ねる中で、登校に向けた方法を探ることにしました。その際、知的障害のあるＡ男の障害特性や理解力を考慮して、言葉による説明に加えて、学習の様子を撮影した動画や同級生からのメッセージなどをタブレットで見せて、視覚的な理解を促しました。担任等

の不登校対策が功を奏して、2年生の1学期頃には登校を再開し、生活全般に落ち着きが見られて徐々に安定した学校生活を送るようになってきました。

　現在は、自分の体調について事前に担任へ相談したり、同級生と会話をしたり、一緒に活動したりする場面が増えてきました。また、進路については、進路指導部教員との定期的な面接で素直に話を聴くことができるようになり、自身の言動を振り返ったり将来の自立した生活に向けて生活面の改善に前向きな意欲を見せたりするようになりました。

　課題として、服薬、食事、集団生活のルールなどの基本的な生活習慣を定着させること、成功体験を重ねる中で自身の長所に気付き、自信を持つことにより自己肯定感や自尊感情を育むこと、Ａ男と保護者の意向を確認しながら進路指導をすすめることなどが挙げられます。

指導の振り返り

❶ 「生徒の状況、保護者の願い」の把握

　不登校対策では、その状況を把握する必要があります。担任は家庭訪問を重ねる中で面接を通して、不登校の状況を次のように把握しました。

⑴　A男の思い

　A男は、担任との面接を拒むことはなく、タブレットに映し出される学校の様子などを見ながら、授業や行事などへの参加意欲をみせるようになりました。カウンセリングの中で、A男からは「朝起きようとは思うんだけど、寝ちゃうんだよね。お昼ごろ目が覚めるときもある。今まで電車やバスに乗って学校に行ったことがなかったから、慣れないとなぁ。家に一人でいるのはつまらないので話し相手がほしい。学校に遅れて行っていいんなら行けるかも……。でも、クラスのみんなに会うのは嫌だな」などと、自身の気持ちを素直に話すようになりました。

⑵　保護者の願い

　保護者は、「夜中までゲームをしているので、朝も起きれない。中学生のときは、私が強く叱ると言うことを聞いてくれたが、最近は全く聞かなくなってきた。中学校へは、朝、私が仕事に行く時間に合わせて遅刻してでも登校させていたが、今の学校は、電車とバスを乗り継いで、1時間ぐらいかかり、中学校のときとは全然違う。この子が学校に行くことができていないのは、すごく気になっている。私も仕事があるし、

この子にずっとかかりっきりというわけにはいかない。父親は地方赴任中で、月１回程度戻ってきた時に子どもの不登校を話しても、埒が明かない。一人っ子で障害があるから、自分でできるようにと厳しく育ててきたけれど、高校生になってから自分の考えもいろいろ出始め、反抗するようになった」と、子育ての悩みを打ち明けました。

❷　支援会議における中心的な課題の焦点化

　学校では支援会議を開き、次のようなＡ男の状況を踏まえて、不登校の要因を探り、支援方針を検討しました。

⑴　生活面の乱れ

　夜更かしをしているため、登校時間に起きることができない。一度起きてもまた寝てしまい、生活リズムが崩れている。学校に行こうという気持ちはあるが、ストレスが蓄積された時や家庭での問題があった時には、それを引きずって不安定な気持ちになりがちである。毎日朝食後に薬を服用しているが、寝不足で朝食を摂らなかったり、薬を服用しないで登校したりすると、気持ちが不安定になり、クラスの友達や教師の言葉かけに対して投げやりな言動がしばしば見られる。

⑵　クラス集団への不適応

　自ら同級生へ話しかけることはなく、話しかけられると返答はするが、会話がはずむことはない。また、Ａ男が遅刻することに対して強い口調で批判する生徒も出始めた。Ａ男からの直接的な仲間づくりは困難をきたし、Ａ男にとってクラスが安心できる「居場所」ではなくなってしまった。

⑶　学習意欲の低下

　家庭訪問の面接では、友達ができないので、中学校のときに仲良し

だった子どもが通っている学校へ通いたくなったと話すこともあった。

　国語、数学のプリント問題は一部手を付けるが、途中で机にうつぶせになることが多い。また、「ここがわからない」などの気持ちを自ら表現することが難しい。一方、パソコンによる文書作成は一人で黙々と行い、できあがると得意げな表情で教員へ報告した。自分の得意なパソコン入力の力を発揮したいとの思いも抱いている。卒業後は、得意なパソコン操作を活かして、事務係の仕事に就きたいという願いがある。

③　具体的な支援策の検討

　支援会議では、「①生活面の乱れが続いていること、②クラス集団になじめないこと、③学習に意欲的でないこと」が中心的な課題として焦点化されました。そして、チーム学校として組織的な対応をすすめることが再確認され、以下のような支援策が検討されました。

- ・ケース会議、学部会、支援会議でA男の情報を共有し、支援の状況について、定期的に確認する。
- ・不登校の要因分析と課題解決に向けた手立てなどを、個別の教育支援計画や個別の指導計画に記載し、知的障害の特性に応じた支援をする。
- ・担任、特別支援教育コーディネーター、養護教諭等を中心に、A男とコミュニケーションの機会を設け、悩みや課題に応える。その際、知的障害の特性を考慮して、時間をかけて、せかさないで、具体的で分かりやすい状況を伝えながら、考えをじっくりと引き出すようにする。
- ・A男の登校を促すため、別室登校の場所（教育相談室）を確保する。
- ・SCやSSWと担任が連携しオンラインでのカウンセリングを進める。

・３者面談（本人・保護者、担任・進路指導部）を実施し、卒業後の生活や就労への考えを聞き取り、登校して学習する意欲へとつなげる。
・ハローワーク、就労支援センター、発達障害者支援センター、医療機関等との連携を図り、適切な進路選択の支援を行う。
・保護者と連携し障害の状況や支援について、主治医と相談をする。
・前籍校からの個別の教育支援計画等の引継ぎ資料を確認するとともに、必要に応じて、前籍校訪問を行い生徒や保護者の情報を得る。

❹ 支援の実際
⑴ 生徒への支援

・登下校時間をずらす、在校時間の調整、学習室などを検討し、Ａ男が無理せずに登校ができるようにした。最初は、スモールステップで無理せず短時間の教室以外への登校からはじめて、少しずつ自信がついて行っていることを確認しながら、在校時間を延ばした。
・担任は１週間のスケジュールをＡ男と共に考え、保護者と連携し食事や睡眠時間、夜更かしをなくすなどの生活リズムの立て直しを行った。
・チームティーチングの指導体制であるため、教員間で情報を共有しＡ男への対応を統一し、不要な言葉かけやプレッシャーを防いだ。
・Ａ男が落ち着かなかったり、気持ちが高ぶったりしていたときの対応について、学年会等で事前に周知徹底した。

⑵　保護者との連携

・定期的な家庭訪問や関係機関と共同した働きかけを行った。
・担任が保護者へ定期的に連絡をとり家庭訪問を行い、Ａ男への登
　校を促すとともに、保護者の子育てに関する不安や悩みの相談に
　応じた。
・進路指導部と担任とが連携し、Ａ男と保護者との三者面談を行い、
　企業就労に向けた現場実習への参加を促したり、実習巡回の方法
　を検討したりした。

課題解決に導く基礎知識

1 はじめに

　令和3年度「児童生徒の問題行動・不登校等生徒指導上の諸課題に関する調査」では、不登校児童生徒は小学校及び中学校で約24.5万人、高等学校を合わせると、約30万人に上り、過去最高となっています。その内、90日以上の不登校であるにもかかわらず、学校内外の専門機関等で相談・指導等を受けていない小・中学生が約4.6万人に上ります。

　平成28年、「義務教育の段階における普通教育に相当する教育の機会の確保等に関する法律」が制定されました。

　また、「不登校児童生徒への支援の在り方について」（令和元年10月25日付け文部科学省初等中等教育局長通知）では、「不登校児童生徒への支援は、学校に登校するという結果のみを目標にするのではなく、児童生徒が自らの進路を主体的に捉えて、社会的に自立することを目指す必要があること。」としています。

　そして、文部科学省「誰一人取り残されない学びの保障に向けた不登校対策」（COCOLOプラン）では、文部科学大臣を本部長とする「誰一人取り残されない学びの保障に向けた不登校対策推進本部」を設置し進捗状況を管理し、取組の不断の改善を図っていくことが示されました。さらに、令和5年4月、こども基本法が施行され、子どもの意見表明や就労支援などへの取組も始まりました。

　今日の学校教育においては、「不登校児童生徒の社会的な自立をめざす」という目標を達成するために、チーム学校として関係機関と連携しながら、不登校児童生徒への多様な支援を充実していくことが求められています。

2　組織による適切な支援

　不登校児童生徒対策は、教員による指導や支援に加えて、SC や SSW、専門機関と連携を図り、チーム学校として支援体制を整備し組織的にすすめていくことが重要です。具体的には、個々の実態把握（アセスメント）による障害特性に応じた支援や情報共有が必要となります。また、組織的に支援するためには、担任等の経験や考えに基づく支援に加えて、校務分掌や支援会議の構成や運営を整えていかなければなりません。

　さて、事例にもあるように、知的障害特別支援学校高等部の 3 年間は、卒業後の進路選択を具体的に検討する時期です。そのため、A 男の知的障害の特性や不登校の状況を踏まえた適切な指導と必要な支援を充実するとともに、A 男や保護者の希望を踏まえた進路指導の支援が主な課題となります。課題の改善に向けて、個別の教育支援計画や個別の指導計画を作成する中で、日常の生活習慣の確立、集団での社会性の育成、基礎学力の定着、現場実習の体験などを検討していくことが、不登校児童生徒に対する具体的な支援に繋がると確信します。

3　教育相談機能の拡充

　障害者の差別解消法に基づいて、公立学校には障害のある児童生徒に対して、保護者や本人との相談の上、合理的配慮を行う義務があります。そして、個別の教育支援計画などに合理的配慮を記す必要があります。

　障害のある児童生徒の不登校を予防するためにも、個別の教育支援計画を作成・運用し合理的配慮に基づく具体的な支援を行うことが求められます。特別支援コーディネーターを中心にして、学習や生活面の困難さから生じる不登校の要因を分析し個々の実態把握（アセスメント）を基に必要な支援を検討しなければなりません。教育支援センターや発達

支援センター等と連携した教育相談機能の拡充が望まれます。

4 学校を「安心できる居場所」にする

　不登校の児童生徒が「安心できる居場所」を学校に設けることは、登校するきっかけを作る上でも重要です。登校しぶりや不登校であった生徒が、高等部に入学してからは登校できるようになったり、話がしやすい同級生と出会い友人関係が広がったりする場合が多くあります。

　特別支援学校高等部では、個に応じた社会的な自立を目指しています。個々の実態把握から適切な指導目標や指導内容・方法を検討するいわゆるオーダーメイドの教育です。不登校対応は、個別の教育支援計画や個別の指導計画を基にして、スモールステップですすめていきます。

　「自立活動」は、個々の成長・発達や教科指導をすすめる上での基盤となる内容（6区分27項目）で構成されています。例えば、ソーシャルスキルトレーニング（SST）を取り入れて、人間関係の向上を目指す指導があります。小・中学校、高等学校は、地域の特別支援学校のセンター的機能を活用し、教材や指導法の充実に役立てることができます。

　『生徒指導提要』には、不登校児童生徒対策として、学習状況等に応じた指導と配慮の必要性が示されています。障害のある児童生徒は、学習や生活面で何らかの困難を抱えている状況であるため、「個々の学び方の違いに応じる支援を行う必要がある」ことを再認識しなければなりません。そして、個々の障害特性への理解を深めるとともに、困難さの状況を把握し合理的配慮に基づいた適切な指導と必要な支援を行わなければなりません。その際、ICTを活用するなどして、障害特性に応じた認知面や行動面への支援を効果的にすすめる必要があります。

主な参考文献

・文部科学省（2023）『生徒指導提要』東洋館出版社
・文部科学省HP（2023）「誰一人取り残されない学びの保障に向けた不登校対策について
（通知）」
・岸田大輔・篠﨑友誉・西牧桂・奥住秀之（2022）「知的障害特別支援学校高等部における
不登校に関する現状と課題」『東京学芸大学紀要総合教育科学系』73、233〜241頁
・中島栄之介（2019）「特別支援教育と不登校について－「学業」「居場所」に対する特別
支援教育の視点からの検討－」『奈良学園大学紀要』10、109〜112頁

Chapter 4

データで見る
小・中・高校生の
不登校と事例の
総合的考察

1　データで見る小・中・高校生の不登校の現状

1　データで見る小学生の不登校の現状

❶　不登校児童数の推移

　本項では、文部科学省が令和4年10月に公表した不登校等に関する最新資料、「令和3年度児童生徒の問題行動・不登校等生徒指導上の諸課題に関する調査結果の概要」に基づいて、小学生の不登校の現状を検討します。

　なお、文部科学省が定めた不登校の定義は、「何らかの心理的、情緒的、身体的あるいは社会的要因・背景により、登校しないあるいはしたくてもできない状況にあるために年間30日以上欠席した者（長期欠席者）のうち、病気や経済的な理由による者を除いたもの（不登校児童生徒）」（括弧内は筆者）です。この定義は小中高で共通です。

　小・中学校の不登校児童生徒を含めた、長期欠席者数の推移（図1）からは、平成25年度から微増傾向で、平成30年度から増加が顕著となり、令和期になり急激に増加しています。これは「新型コロナウイルスの感染回避」による自主的な欠席が影響しているからです。

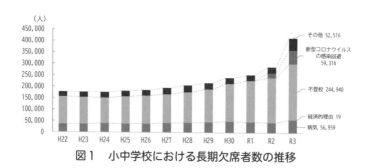

図1　小中学校における長期欠席者数の推移

　ただし、平成28年度から不登校児童も増加していることに注視する必

要があります。令和３年度の長期欠席児童生徒数41万３千人強のうち小学校児童は18万人を超えており、その中で８万１千人強（図２）が不登校児童となっています。この５年間の上昇率は急激で、不登校問題は小学校教育における喫緊的な重要課題になったと言えます。

　学年別不登校児童数（図３）を見ると、小１から小６までなだらかな右上がりとなっています。平成期までは小６から中１の１年間で不登校児童生徒数は急激に増加し（約３倍）、それは「中１ギャップ」と言わ

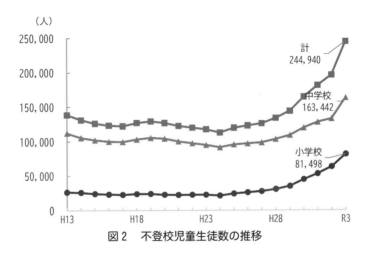

図２　不登校児童生徒数の推移

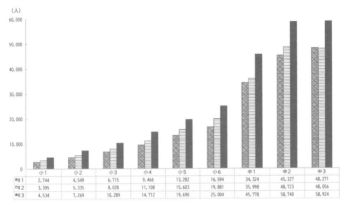

図３　学年別不登校児童生徒数

れました。現在は上昇率がやや上がった程度です。したがって不登校問題は小中に連続する課題に変化したと考えられます。

　令和3年度の不登校児童の欠席期間別人数（図4）では、90日以上の欠席が44.2%、30〜89日の欠席が55.8%です。中学生と比較すると、長期間の欠席には至っていないことがわかります。ただし、小学校児童の不登校は中学校に進学しても繰り返す可能性があり、決して安心できるものではありません。

❷　不登校の要因と相談状況

　小学校児童の不登校の要因（表2）を見ると、「生活リズムの乱れ、あそび、非行」が13.1%で、「無気力、不安」が突出して49.7%です。中学校と異なるのは、「親子の関わり方」が13.2%で高率となっています。この3つの要因の合計が全体の76.0%で、不登校傾向が進行していく要因になるようです。また、「いじめ及び友人関係をめぐる問題」で計6.4%、中学校で2倍に増加している点で、今後も注目していかなければならない要因です。

　令和3年度の不登校児童の欠席期間別人数（図4）では、30〜89日の欠席が55.8%、90日以上の欠席が44.2%です。また、不登校の要因を決定する判断は、学校側（学級担任）が行っています。さらに要因の選択

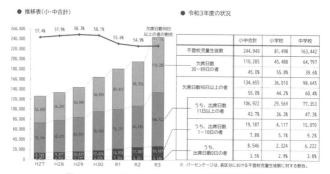

●推移表（小・中合計）　　　　　　　　　●令和3年度の状況

	小中合計	小学校	中学校
不登校児童生徒数	244,940	81,498	163,442
欠席日数30〜89日の者	110,285	45,488	64,797
	45.0%	55.8%	39.6%
欠席日数90日以上の者	134,655	36,010	98,645
	55.0%	44.2%	60.4%
うち、出席日数11日以上の者	106,922	29,569	77,353
	43.7%	36.3%	47.3%
うち、出席日数1〜10日の者	19,187	4,117	15,070
	7.8%	5.1%	9.2%
うち、出席日数0日の者	8,546	2,324	6,222
	3.5%	2.9%	3.8%

※パーセンテージは、各区分における不登校児童生徒数に対する割合。

図4　不登校児童生徒の欠席期間別人数

は、「主たる要因一つを選択」したものです。したがって長期間、不登校傾向にあった場合は、より複合的な要因になると考えられます。

　不登校児童が学校内外で相談・指導等を受けた状況（図５）については、平成28年度からの６年間、相談を受けていない児童数の割合が年々増加しています。したがって学校や教員側が、児童の不登校の正確な要因や不登校期間中の家庭での生活の様子を把握することは、徐々に困難になってきていることがわかります。

　次項では、小学生が中学校に進学して不登校傾向がどのように変化するのか、中学生の不登校の特徴などを検討していきます。

表2　不登校の要因

【国公私立】小・中学校

	不登校児童生徒数	学校に係る状況							家庭に係る状況			本人に係る状況		
		いじめ	いじめを除く友人関係をめぐる問題	教職員との関係をめぐる問題	学業の不振	進路に係る不安	クラブ活動、部活動等への不適応	学校のきまり等をめぐる問題	入学、転編入学、進級時の不適応	家庭の生活環境の急激な変化	親子の関わり方	家庭内の不和	生活リズムの乱れ、あそび、非行	無気力、不安	左記に該当なし
小学校	81,498	245	5,004	1,508	2,637	160	10	537	1,424	2,718	10,790	1,245	10,708	40,518	3,994
		0.3%	6.1%	1.9%	3.2%	0.2%	0.0%	0.7%	1.7%	3.3%	13.2%	1.5%	13.1%	49.7%	4.9%
中学校	163,442	271	18,737	1,467	10,122	1,414	843	1,184	6,629	3,739	8,922	2,829	18,041	81,278	7,966
		0.2%	11.5%	0.9%	6.2%	0.9%	0.5%	0.7%	4.1%	2.3%	5.5%	1.7%	11.0%	49.7%	4.9%
合計	244,940	516	23,741	2,975	12,759	1,574	853	1,721	8,053	6,457	19,712	4,074	28,749	121,796	11,960
		0.2%	9.7%	1.2%	5.2%	0.6%	0.3%	0.7%	3.3%	2.6%	8.0%	1.7%	11.7%	49.7%	4.9%

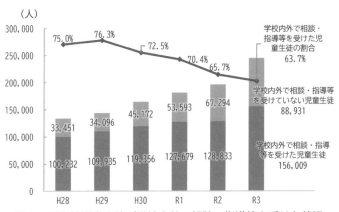

図5　不登校児童生徒が学校内外で相談・指導等を受けた状況

2 データで見る中学生の不登校の現状

❶ 不登校生徒数の推移

　本項では、中学生の不登校の現状を検討します。文部科学省が令和４年10月に公表した最新資料、「令和３年度児童生徒の問題行動・不登校等生徒指導上の諸課題に関する調査結果の概要」では、中学校での不登校生徒数（図６）は平成28年度から増加傾向が続いており、令和３年度には16万３千人を超えています。

　学年別不登校生徒数（図７）を見ると、小６から中２までが急増し、中３になると増加は止まります。中３では新たに不登校となる生徒と、高校等の進学に向けて、再登校を始める生徒との両面が考えられます。

　また、令和３年度の不登校中学生の欠席期間別人数（図８）の割合が、90日以上の欠席が小学生44.2％（30〜89日の欠席が55.8％）から中学生60.0％（30〜89日の欠席が39.6％）と逆転しています。結果として中学生の欠席日数の方が長期間であることがわかります。

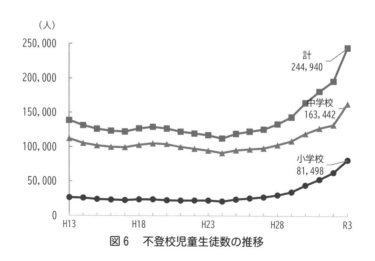

図６　不登校児童生徒数の推移

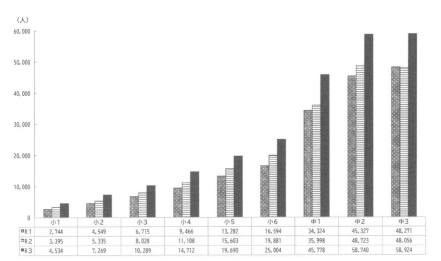

図7　学年別不登校児童生徒数

	小1	小2	小3	小4	小5	小6	中1	中2	中3
R1	2,744	4,549	6,715	9,466	13,282	16,594	34,324	45,327	48,271
R2	3,395	5,335	8,028	11,108	15,603	19,881	35,998	48,723	48,056
R3	4,534	7,269	10,289	14,712	19,690	25,004	45,778	58,740	58,924

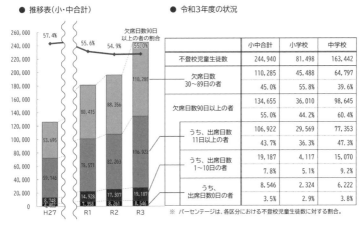

● 推移表（小・中合計）　　● 令和3年度の状況

	小中合計	小学校	中学校
不登校児童生徒数	244,940	81,498	163,442
欠席日数 30～89日の者	110,285	45,488	64,797
	45.0%	55.8%	39.6%
欠席日数90日以上の者	134,655	36,010	98,645
	55.0%	44.2%	60.4%
うち、出席日数 11日以上の者	106,922	29,569	77,353
	43.7%	36.3%	47.3%
うち、出席日数 1～10日の者	19,187	4,117	15,070
	7.8%	5.1%	9.2%
うち、出席日数0日の者	8,546	2,324	6,222
	3.5%	2.9%	3.8%

※ パーセンテージは、各区分における不登校児童生徒数に対する割合。

図8　不登校児童生徒の欠席期間別人数

② 不登校の要因と相談状況

　中学生の不登校の要因（表3）を見ると、「いじめ及び友人関係をめ
ぐる問題」で11.7%、これは不登校が始まるきっかけ・動機になると考
えられます。また、「生活リズムの乱れ、あそび、非行」が11.0%、さ

らに「無気力、不安」が突出しており49.7%です。こちらは不登校が長期化することで徐々に頻発・増加していく要因と言えます。この3つが主要な要因で、全体の72.4%となっています。

　小中の違いで見ると、「学業の不振」「進級時の不適応等」で中学生の不登校の要因が増加し、「親子の関わり方」で要因が減少しています。中学生なりの発達と学校段階による特徴が見えてきます。

　なお、これらの回答は学校側、特に学級担任の判断です。また、要因の選択は「主たる要因一つを選択」となっています。不登校の開始から不登校が継続される期間までを時系列で考慮すると、実態としては複合的な要因になると考えられます。

表3　不登校の要因

【国公私立】小・中学校

	不登校児童生徒数	学校に係る状況								家庭に係る状況			本人に係る状況		
		いじめ	いじめを除く友人関係をめぐる問題	教職員との関係をめぐる問題	学業の不振	進級に係る不安	クラブ活動、部活動等への不適応	学校のきまり等をめぐる問題	入学、転編入学、進級時の不適応	家庭の生活環境の急激な変化	親子の関わり方	家庭内の不和	生活リズムの乱れ、あそび、非行	無気力、不安	左記に該当なし
小学校	81,498	245	5,004	1,508	2,637	160	10	537	1,424	2,718	10,790	1,245	10,708	40,518	3,994
		0.3%	6.1%	1.9%	3.2%	0.2%	0.0%	0.7%	1.7%	3.3%	13.2%	1.5%	13.1%	49.7%	4.9%
中学校	163,442	271	18,737	1,467	10,122	1,414	843	1,184	6,629	3,739	8,922	2,829	18,041	81,278	7,966
		0.2%	11.5%	0.9%	6.2%	0.9%	0.5%	0.7%	4.1%	2.3%	5.5%	1.7%	11.0%	49.7%	4.9%
合計	244,940	516	23,741	2,975	12,759	1,574	853	1,721	8,053	6,457	19,712	4,074	28,749	121,796	11,960
		0.2%	9.7%	1.2%	5.2%	0.6%	0.3%	0.7%	3.3%	2.6%	8.0%	1.7%	11.7%	49.7%	4.9%

　一方、不登校児童生徒が学校内外で相談・指導等を受けた状況（図9）については、平成29年度からの5年間、相談を受けていない生徒数の割合が年々増加しています。学校側が不登校生徒の正確な要因や不登校期間中の生活の様子などを、把握しづらい状況が進行していると判断できます。

　不登校の期間中の生徒の学力保証（図10）については、別室登校以外に、自宅におけるICT等を活用した学習活動が、令和2年から急増し

ています。このことは新型コロナウイルス対策とも重なります。

　次項では、中学生が高等学校に進学して、不登校傾向がどのように変化するのか、高校生の不登校や中途退学の様相・特徴などを検討していきます。

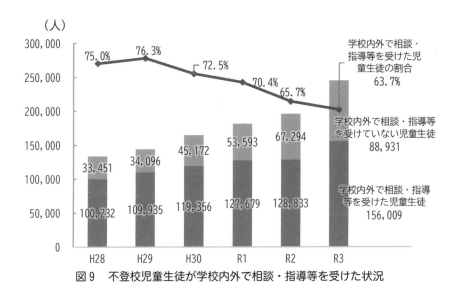

図9　不登校児童生徒が学校内外で相談・指導等を受けた状況

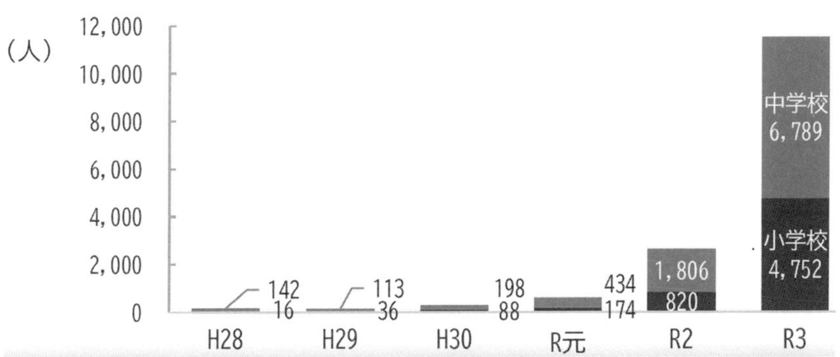

図10　自宅における ICT 等を活用した学習を指導要録上出席扱いとした児童生徒数

3 　データで見る高校生の不登校・中途退学の現状

❶　不登校生徒数の推移

　本項ではまず、高校生の長期欠席者の推移（図11）から検討します。文部科学省が令和４年10月に公表した最新資料、「令和３年度児童生徒の問題行動・不登校等生徒指導上の諸課題に関する調査結果の概要」によると、平成22年度（約８万８千人弱）から微減傾向でしたが、平成26年度から８万人前後で変化が止まっています。ただし、令和３年度は急増しており、「新型コロナウイルスの感染回避」等に関連する自主的な欠席が影響していると見られます。

　高校生の不登校生徒数の推移（図12）は、平成24年度（約５万７千

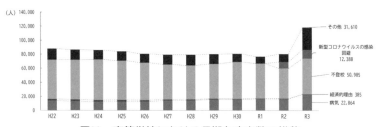

図11　高等学校における長期欠席者数の推移

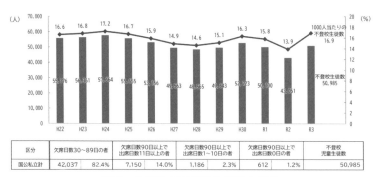

区分	欠席日数30～89日の者		欠席日数90日以上で出席日数11日以上の者		欠席日数90日以上で出席日数1～10日の者		欠席日数90日以上で出席日数0日の者		不登校児童生徒数
国公私立計	42,037	82.4%	7,150	14.0%	1,186	2.3%	612	1.2%	50,985

図12　高校生の不登校生徒数の推移

人）から微減傾向が続き、平成29年度からは増減を繰り返し、令和３年度は約５万人で下げ止まっています。

　令和３年度の不登校生徒数は５万１千人弱ですが、その82.4%は欠席日数30〜89日の生徒です（逆に90日以上の欠席生徒は17.6%）。令和３年度の90日以上の欠席の小学生の割合が44.2%、中学生は60.0%であることと比較すると、高校生の欠席日数が一見少ないように見えます。

　ただし実態はそうではありません。90日以上欠席した高校生の大半が中途退学という進路を選択しているからです。

② 中途退学生徒数の推移

　高等学校における中途退学者数（図13）は、平成25年度（約６万人弱）からほぼ減少しており、令和２年度以降は４万人を切っています。平成期までは高等学校の不登校生徒数と中途退学生徒数との合計（10万人前後）が、中学校の不登校生徒数とほぼ一致していました。しかし令和期になると中学校の不登校生徒数が急増し、逆に高等学校の不登校・中途退学生徒数が微減しています。令和３年度は高等学校の不登校・中途退学生徒数の合計数89,913人に対して、中学校の不登校生徒数が163,442人に上るなど、倍増していることが最近の特徴です。

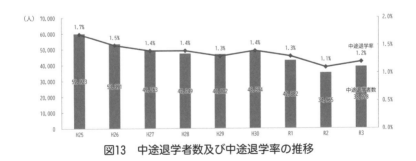

図13　中途退学者数及び中途退学率の推移

　令和３年度の高等学校における中途退学の事由（表４）を見ると、「学校生活・学業不適応」が30.5%、「進路変更」が44.2%で、この２つ

の事由で全体の74.7%です。この傾向は令和期の3年間、あまり変化が
ありません。

　小・中学校と比較した場合、高等学校のいじめ認知件数（図14）や暴
力行為の加害生徒数（図15）などは大幅に減少しています。一方で自殺
の状況（表5）は中学生の約2.5倍（令和3年度）に増加しています。
高等学校の中途退学の事由の内、「病気・けが・死亡」（全体の約5％）
に自殺が含まれていることを考えると、高校生が自殺に至る問題は喫緊
的な課題の一つであると言えます。

　なお、このような事由の選択は生徒本人ではなく、ホームルーム担任
の判断です。また、事由の選択は「主たる理由を一つ選択したもの」と
なっています。したがって高校生が不登校となり、さらに中途退学へと
至る過程では、小・中学校の場合と同様により複合的な理由が存在する
と推察できます。

表4　事由別中途退学者数

		学業不振	学校生活・学業不適応	進路変更	病気・けが・死亡	経済的理由	家庭の事情	問題行動等	その他
R1		2,905	15,678	15,237	2,009	782	1,800	1,614	2,857
		6.8%	36.6%	35.5%	4.7%	1.8%	4.2%	3.8%	6.7%
R2		2,029	10,662	15,087	1,650	509	1,402	991	2,635
		5.8%	30.5%	43.1%	4.7%	1.5%	4.0%	2.8%	7.5%
R3		2,560	11,855	17,219	1,919	532	1,478	954	2,411
		6.6%	30.5%	44.2%	4.9%	1.4%	3.8%	2.5%	6.2%

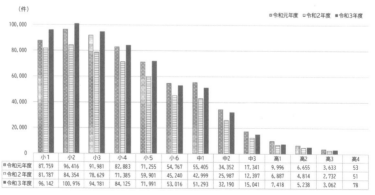

（件）

■令和元年度　□令和2年度　■令和3年度

	小1	小2	小3	小4	小5	小6	中1	中2	中3	高1	高2	高3	高4
令和元年度	87,759	96,416	91,981	82,883	71,255	54,767	55,405	34,352	17,341	9,996	6,655	3,633	53
令和2年度	81,787	84,354	78,629	71,385	59,901	45,240	42,999	25,987	12,397	6,887	4,814	2,732	51
令和3年度	96,142	100,976	94,781	84,125	71,991	53,016	51,293	32,190	15,041	7,418	5,238	3,062	78

図14　学年別　いじめの認知件数

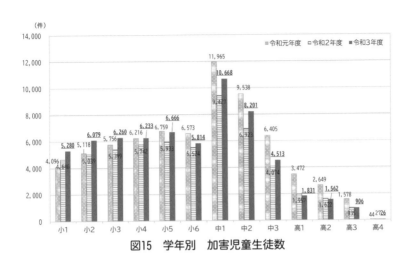

（件）

図15　学年別　加害児童生徒数

表5　令和期の自殺した児童生徒数

	小学校	中学校	高等学校	合計
R元年度	4	91	222	317
R2年度	7	103	305	415
R3年度	8	109	251	368

表6　令和3年度の警察庁の統計数値との比較

（人）

	警察庁調査	文科省調査	差
小学校	8	8	0
中学校	135	109	26
高等学校	311	251	60
合　計	454	368	86

※警察庁調査、文部科学省調査とも年度間の自殺者数。

　さらに自殺の状況について警察庁調査と文部科学省調査とで、自殺した生徒数に違い（表6）があります。したがって学校側やホームルーム担任は中途退学の事由を詳細まで掴み切れていないことが考えられます。この観点から高校生の自殺を抑止するための、より丁寧なサポート体制が求められます。次節では、前章までに紹介・検討した実際の不登校事例1～8に焦点を当てて、児童生徒が不登校や進路変更等に至る過程と学校側の指導援助体制等について総括していきます。

2　Case1〜8の総合的考察

1　Case1〜8の全体概要の分類・分析

　本稿に提供された小中高8つの事例の内容を、以下の5観点で分類・整理し、統一的に分析を試みた結果が表7です。

　　ⅰ）不登校児童生徒の学年・性別と発生時期
　　ⅱ）主たる要因と具体的な様態
　　ⅲ）特にいじめとの関連性の有無
　　ⅳ）不登校が終息に至る状況と期間（結果）
　　ⅴ）本人・保護者と直接に対応した教職員と組織名

　全体傾向として8事例とも再登校や教室復帰には至りませんでした。したがって義務教育段階では、生徒は不登校のまま卒業することとなります。高等学校においては単位取得と進級認定の関係上、学期末等で他校へ転学することが勧められています。

　なお、不登校の発生から卒業または転学までの期間は、短い生徒で約4月間、長い生徒で約28月間でした。8名の不登校児童生徒の平均は約14.5月間でした。

　まず、小学校2事例における不登校の要因は、家庭に係る状況または本人に係る状況に関するものです。この2つの要因だけで、小学校の不登校児童数全体の8割を超えています。この2つの要因に対しては、学級担任一人によるサポートでは、丁寧な対応がほとんど困難です。実際にCase1では学校内の不登校対策委員会が、Case2では特別支援委員会による組織的なサポートが必要でした。また、小学校の最近の課題として児童の暴力行為等の増加が指摘されました。

　中学校3事例ではいずれも、不登校の発生は何らかのいじめ問題に起因していました。ただし3事例ともに、平成25年の文部科学省通知「いじめ防止等のための基本的な方針」に例示された、いじめの態様には該

表7 Case 1〜8の全体概要のマトリックス

校種	事例	対象生徒 発生時期	主要因	いじめとの関連性	不登校の解決・結果（期間）	直接対応者（対応組織）
小学校	1	5年女子 2学期当初	家庭問題 ・養育機能低下	関連性なし	再登校せず ・6年の秋に転校 （約12月間）	学級担任 （不登校対策委員会）
	2	5年男子 2学期後半 ・入室しぶり	本人問題 ・自ら教室拒否	関連性なし	再入室せず ・現在も継続中 （約10月間）	学級担任、学習サポーター （特別支援委員会）
中学校	3	1年女子 2学期当初	友人トラブル ・いじめの訴え	関連性あり ・部活動仲間から態度是正の指摘	再登校せず ・卒業 （約28月間）	学級担任、養護教諭、校長 （学校いじめ対策会議）
	4	2年男子 2学期後半	家族問題 ・機能不全	関連性やや あり ・本人の言い訳	散発的な登校 ・卒業 （約16月間）	学級担任、養護教諭、校長、SSW、不登校担当教員
	5	2年女子 1学期後半 （3年6月よりひきこもり）	友人トラブル ・リストカット ・うつ病	関連性あり ・クラス仲間から態度是正の指摘	再登校せず ・部活動は参加 ・受診後夜間登校 ・卒業（約20月間）	学級担任、部活動顧問教員、養護教諭、SC、心療内科医師 （ケース会議）
高等学校	6	1年男子 2学期後半	仲間のいじめ ・排尿障害	関連性あり ・からかい	再登校せず ・2年8月に通信制課程へ転学（約10月間）	ホームルーム担任 （学年会議）
	7	2年女子 1学期末	本人問題 ・病気発症による容貌変化	関連性なし	再登校せず ・2年12月に定時制課程へ転学（約4月間）	ホームルーム担任、学年主任 （学年会議）
	8	2年男子 1学期当初 （散発的に）	本人問題 ・ゲーム依存	関連性やや あり ・本人の言い訳	再登校せず ・3年8月に定時制課程へ転学（約16月間）	ホームルーム担任、学年主任 （学年会議）

SC：スクールカウンセラーの略、SSW：スクールソーシャルワーカーの略

当しないと学校と教育委員会が判断しています。

　たとえ学校や教育委員会がいじめとは判断しなくても、生徒自身が不登校を続けている限り、教職員は生徒と保護者のサポートを継続していきます。したがって重大事態と同様の支援体制を構築し、再登校に向け

ての、または学校外での教育機会を保障する手立てを講じていくことになります。

　高等学校の３事例の不登校の要因は三者三様です。Case6のからかいは、現在では明確にいじめの態様として例示されています。平成25年以前の不登校事例のため、教職員側は適切な対応が取れませんでした。Case7の不登校要因は、思春期から青年期に起こりがちな病気の発症に起因するものです。Case8の不登校要因は、インターネット・ゲーム依存の影響が考えられます。

　なお、高等学校の３事例の生徒たちは全員、他校（通信制・定時制）へ転学しています。したがって中途退学者ではありません。正確には進路変更した生徒ということとなります。本稿では不登校・中途退学（ひきこもり）に焦点を当てて事例を収集し考察してきました。特に前章「高等学校における不登校・中途退学対応」では、冒頭部分で「高校生の不登校生徒数の推移は、平成24年度から微減傾向が続き、平成29年度からは増減を繰り返し、令和３年度は約５万人で下げ止まっています」、あるいは「高等学校の中途退学者数は平成25年度からほぼ減少しており、令和２年度以降は４万人を切っています」と分析しました。

　しかし、３事例のような年度途中に進路変更した生徒たちは、在籍していた高等学校の不登校生徒数から除外されていた可能性があります。その場合は中途退学生徒数にも、不登校生徒数にもカウントされずに、高等学校の不登校生徒の実態は、文部科学省の全国悉皆調査からも十分には把握できないこととなります。本稿の高等学校の３事例は、全国悉皆調査にも現れない不登校生徒が相当数に及ぶという暗数の存在として、その様相をあぶり出したと言えます。

2　組織的な生徒指導

　表７から指摘される留意点の１つは、組織的なサポートの必要性です。

Case 1 〜 8 を見る限り、小中高ともに不登校児童生徒と、その保護者と直接に応対しているのは、学級担任とホームルーム担任でした。必要に応じて養護教諭や学年主任、スクールカウンセラーが児童生徒または保護者に応対します。Case 3 〜 4 のように校長自ら応接するのは珍しいケースと言えるでしょう。

　ただし現在は、学級・ホームルーム担任以外の様々な教職員が直接に応対したり、あるいは対応組織の一員として不登校問題に関与するというのは一般的になっています。例えば不登校問題に関する対応組織は、図16のような三層構造になっていると考えられます。

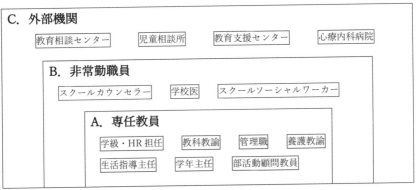

図16　不登校問題対応組織の三層構造
（木内隆生（2023）『生徒指導・進路指導15講』大学図書出版を参考に一部改良）

　まず、中央に位置づけられる専任教員による対応組織（Ａ）です。
　次に定期的に来校する非常勤職員を含めた対応組織（Ｂ）です。その代表者はスクールカウンセラーです。例えばカウンセリング研修会は教員集団の相談技術を高めるとともに、スクールカウンセラーを信頼できる専門家として認知するよい機会となります。
　さらに学校外の機関の職員を含めた対応組織（Ｃ）です。このような専門家との協働は、紹介（照会）・連絡などから始まります。管理職、

養護教諭から直接、あるいはスクールカウンセラー、学校医を経由して連携が広くネットワーク化されます。

　本稿のCase1〜8では、小・中学校では外部機関の専門家まで含めて（B〜C）、組織的なサポートが発揮されていました。高等学校ではホームルーム担任が中心の学年組織によるサポートの段階（A）でした。高等学校の3事例の生徒たちは他校へ転学できました。これからは転学先の高等学校のホームルーム担任とその学年組織が、この生徒たちのサポートを継続することとなります。

　ただしCase6〜8の不登校が終息に至る状況を鑑みても、不登校の要因が解決したわけではありません。進路変更という環境の変化が今後、転学先での不登校生徒たちにどのような影響を与えていくかまでは、追跡することができませんでした。

3　不登校・進路変更からひきこもりへの拡大

　図17は最新データに基づいて子ども・若者の不登校・中途退学からひきこもりの状態までの概数を図解したものです。社会人等のひきこもりの直接的なきっかけとしては退職や病気などがありますが、人間関係がうまくいかないことや周りになじめなかったことも挙げられています。不登校とひきこもりの関係では、過去の学校でのいじめや傷つき経験による不登校経験との関連性を指摘する研究者もいます。

　最後に、不登校・ひきこもりからの「回復」、すなわち、再登校や卒業後の新しい世界での適応等に向けた学校の役割について、平野和弘の以下の指摘を紹介して、この章のまとめとします。

　不登校の回復には、彼らの身体に目を向け、彼らの内なるリズムの存在を提起し、他者との「あいだ」のとり方を学ぶことが必要だと提起した。それはあくまで、不登校生徒たちが、自ら一歩を進め

た先にある、取り組みであり、学校を拒否した後、（再び）学校を
ある程度信じてくれた中での、学校「教材」としての価値でもあっ
た。※（　）内は筆者による補い

（平野和弘（2022）「不登校・ひきこもりの回復に関する研究その2―原因の変
遷と学校の使命―」『駿河台大学教職論集』第7号、19～33頁）

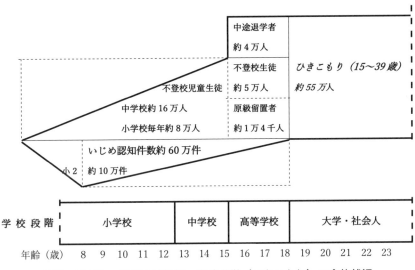

図17　子ども・若者の不登校・中途退学（ひきこもり）の全体状況

編集代表	**梅澤秀監**（東京女子体育大学）
編著者	**木内隆生**（東京農業大学）

東京農業大学・明治大学等非常勤講師。博士（教育学）。兵庫教育大学連合大学院（博士課程）単位取得満期退学。東京都立高等学校教諭・副校長、福岡教育大学教授、福岡教育大学附属小倉小学校・小倉中学校兼任校長、東京農業大学教授を経て現職。日本生徒指導学会「2019年度研究貢献賞（執筆部門）」受賞。著書『生徒指導・進路指導 理論と方法』（学文社）、『生徒指導15講』（大学図書出版）、『特別活動論』（一藝社）ほか多数。

事例提供者	**髙橋めぐみ**（江東区立豊洲小学校）
	後藤　正彦（国士舘大学）
	櫻井　祥行（富士市立高等学校）
	佐藤　藤春（公立高校）
	杉野　　学（東京家政学院大学）

こんなときどうする？生徒指導
不登校・中退・引きこもり

2024年2月4日　初版第1刷発行

編著者—— 木内隆生
発行者—— 鈴木宣昭
発行所—— 学事出版株式会社
　　　　　〒101-0051　東京都千代田区神田神保町1-2-5　和栗ハトヤビル3F
　　　　　電話03-3518-9655
　　　　　https://www.gakuji.co.jp

編集担当	株式会社大学図書出版
イラスト	海瀬祥子
装　丁	株式会社弾デザイン事務所
印刷製本	精文堂印刷株式会社